EL DOBLE...
¿cómo funciona?

Lucile y Jean-Pierre Garnier Malet

Editorial

reconocerse

Autores: Lucile y Jean-Pierre Garnier Malet
Traductora: Carolina Rosset Gómez
Edita: Carolina Rosset Gómez
Nº de edición: 1ª edición
Depósito Legal: SS-1103-12
ISBN: 978-84-940168-2-0
Imprime: Dedinfort, s.l.

1er libro: Cambia tu futuro por las aperturas temporales

ÍNDICE

EL DOBLE...
¿CÓMO FUNCIONA?

Para entender el futuro,
olvidad todo lo que habéis aprendido

Por la mañana, el cielo está azul, hace un sol radiante y la felicidad canta en mis oídos, estoy ensimismado en mis pensamientos, cuando de repente, un chico de unos 10 años se acerca a mí con paso decidido.

—¡Es por aquí, me dice!

Me conduce hasta una casa con una fachada vieja pero acogedora. Seguro de sí mismo, abre la puerta, me lleva hasta el salón, me dice que me siente y sale corriendo, dejándome algo confuso. Poco después, vuelve con mi libro.

—Te esperaba con impaciencia... –dice. Se sienta a mi lado, un poco molesto, y, bajando la cabeza, añade–. Sabes, tu libro es bastante "hard."

—¿Lo has leído? —le pregunto, desconcertado.

—Claro, lo he intentado, si no, no te hablaría de él –responde sorprendido por mi pregunta–. Afirmas que podemos cambiar nuestro futuro, pero mi madre sigue teniendo un gran problema con el futuro.

—¿Cuál?

—Tú dices que ella lo puede solucionar sin que tú necesites saberlo. Me gustaría que me explicaras cómo puedo cambiar yo el futuro de mi madre.

Este hombrecito muy serio, me divierte y a la vez me sorprende.

---

[1] "Cambia tu futuro por las aperturas temporales".

—¿Por qué dices desde la primera página, que si lo quiero entender todo, tengo que empezar olvidando todo lo que sé? ¡Qué tontería! ¿Cómo quieres que lo olvide todo? Debería por lo menos primero acordarme por qué tengo ganas de leerte.

—Se trata tan sólo de olvidar todo lo que crees saber.

—Entonces deberías solamente decir, que si entiendo tus historias sobre el tiempo y olvido las mías, cambio mi futuro y tengo una vida tranquila.

Parece no querer constatar la sorpresa que con toda seguridad se lee en mi rostro. Sus comentarios me parecen tan sorprendentes para su edad que me quedo boquiabierto.

—Mi madre no consigue encontrar su equilibrio a pesar de haber seguido tus instrucciones al pie de la letra y haber cambiado su manera de vivir. ¡Su problema sigue estando ahí! Mi padre dice que estás completamente "sonado".

Como quien no quiere la cosa, me mira por fin a los ojos, haciéndome sentir incómodo.

—Esto me ha hecho pensar que si yo, para ver bien, enciendo una lamparita, entonces "si veo al iluminado, o sea a ti", podré aclararme.

Imposible mantener la seriedad: suelto una carcajada.

—Si conocieras el gran problema de mi madre no te reirías. ¡Eso seguro!

Intento recuperar mi seriedad.

—Quizá sea menos grave de lo que piensas...

—Es enorme ¡yo soy su problema! Lo debo resolver y para eso necesito que me expliques cómo funciona el tiempo. A mí también me gustaría controlar el pasado y el futuro en vez de quedarme tontamente apalancado en situaciones graves. ¡Dime claramente de qué manera puedo yo ser el amo de mi destino!

Le miro pasmado, silencioso... Mi expresión parece sorprenderle pues ahora es él el que se echa a reír.

I

NO HAY NECESIDAD
DE SER SABIO

El niño me mira y suspira.

—Sabes, exageras cuando dices que esto no necesita ningún conocimiento científico especial. Por tu culpa, mi madre está acomplejada. Ella no es científica. Le cuesta muchísimo entender tus historias sobre el tiempo. Me gustaría, pues, que me explicaras cómo controlar el pasado y el futuro, si no, dejaré el problema en tus manos.

—Antes me has dicho que eras tú el problema.

—¡Exacto! Me gustaría decirle: yo ya no soy un gran problema porque sé cómo arreglármelas. Tú dices y escribes que: "Desdoblarse es una ley física que permite crear el mejor futuro antes de vivirlo." Yo quiero crear ese mejor futuro, sobre todo para mi madre, pero lo que ocurre es demasiado duro. ¿Cómo quieres que salga adelante?

Me doy cuenta con estupefacción que las lágrimas corren por sus ojos tristes. Me siento mal por no haber visto el desconcierto de este niño cuya seriedad ya no esconde la debilidad de la infancia.

—Puesto que insinúas que es sencillo, vale, te escucho.

Con gesto rápido, limpia las lágrimas de sus ojos, se sorbe los mocos y me mira con cara de perro apaleado al tiempo que añade entre sollozos:

—¿Sabes? Al principio pensaba que mi madre era una negada pero ahora pienso que el negado eres tú… a menos que me digas por qué no he entendido nada cuando tú dices que todo el mundo puede entenderte.

Se sorbe los mocos de nuevo y me sonríe... una sonrisa que no anuncia en absoluto días felices:

—Tu famoso desdoblamiento ¿qué es? Lo tengo que entender bien pues en casa todo debe volver a ser como antes. Quieres ¿no?

Estoy demasiado emocionado y no sé qué decir. Como me ve dudando, sigue hablando para ganar la partida:

—Puedes lograrlo rápidamente si me lo explicas sin grandes palabrejas de sabio, sólo con palabras sencillas para que mi madre y yo podamos entenderlas.

¡Cómo rechazar esta llamada de auxilio!

2
DESDOBLAR EL ESPACIO Y EL TIEMPO: ¿POR QUÉ? ¿CÓMO?

Sigo adelante sin saber demasiado qué le voy a poder contar a este niño, para satisfacerlo:

—Desdoblar un espacio, es...

El niño me interrumpe:

—Eso ya lo he entendido, no te hace falta explicármelo. Yo tenía dos pececitos rojos que se peleaban constantemente. Mi padre los puso cada uno en una pecera. Ahora puedo comparar sus reacciones. Mi padre dice que ha desdoblado el espacio de los peces. Es fácil de entender, sin embargo, tu desdoblamiento del tiempo, ni siquiera él lo entiende.

—¡Imagínate que el tiempo no transcurre a la misma velocidad en cada pecera!

Se echa a reír:

—¿Piensas que los peces miran la hora?

—Es una suposición.

—Deberías hablar de ranas. Mi madre dice que son sensibles al tiempo.

¡Este niño habla con tanta seriedad! No descubro nada en su rostro que no sea presa de una gran atención. Se lo aclaro con aire divertido:

—No se trata del tiempo que hace sino del tiempo que transcurre.

—Ya lo sé, pero a los pececitos rojos no les importa ni el tiempo que transcurre ni el tiempo que hace. La lluvia y el buen tiempo no les interesan, están siempre mojados. Sin embargo, la rana sale del agua cuando está harta. Ella sabe que hay un tiempo para cada cosa.

Aprovecho este comentario inesperado:

—Un tiempo para cada cosa, ¡ésa es la explicación más sencilla! Si no tienes tiempo para estudiar un problema y si necesitas su solución para vivir, ¿qué haces?

—Me muero —responde el niño, satisfecho de su respuesta.

—Sí, pero te mueres siendo tonto. En cambio, si dispones de otro espacio en donde el tiempo no es el mismo, un lugar en el que un segundito de tu tiempo dura varios meses, tendrías tiempo para encontrar la mejor solución a tu problema.

—¿Ese lugar existe de verdad?

—Si no existiera no podrías vivir.

El niño me mira fijamente, sorprendido:

—¿Estás seguro de lo que dices?

—Cada gesto que realizas causa muchos problemas a tu cuerpo –le explico–. Tú adoptas la solución inmediata, sin reflexionar, instintivamente. Respiras, andas, comes y bebes sin necesidad de saber ni cómo ni por qué. ¿No te parece eso extraño?

El rostro del hombrecito irradia felicidad:

—¡Qué guay! Voy a estudiar el problema de mi madre allí donde tengo tiempo y traigo la solución adonde no tengo tiempo. ¡Es genial! –Pero su felicidad dura poco tiempo. Inmediatamente se queja–. No es genial porque es imposible. Yo sé perfectamente que siempre estoy aquí y nunca en otro lugar.

—¡Excepto si tienes un doble!

—¿Un doble? ¿Otro niño como yo? Entonces su madre debe de estar muy triste, como la mía.

—No necesita madre allí donde se encuentra.

Se le nota de repente inquieto y contrariado:

—¿Y mi madre tiene un doble?

—Sí, como todo el mundo, tu madre tiene un doble, pero ella no es la madre de tu doble.

—¿Es éste tu verdadero descubrimiento? —Concluye decepcionado.

—Es un descubrimiento importante puesto que en el universo, en donde todo está duplicado, es la única forma de vida. Necesitas estudiar tus posibilidades futuras allí donde hay tiempo, a fin de poder utilizar lo mejor en cada instante allí donde no tienes tiempo de reflexionar.

Le veo muy dubitativo:

—Si mi doble hubiera encontrado la solución, mi madre ya no tendría el gran problema que soy yo.

—Si supieras escucharle, tendrías la solución. Pero no sabes cómo y tu madre tampoco, porque pensáis que es complicado. Sin embargo, es sencillo. Es tan sencillo que nadie quiere creerlo.

—Si es tan sencillo, ¿por qué no lo dices de una vez, en vez de dar vueltas a un montón de cosas que me hinchan la cabeza?

—Me veo obligado en primer lugar, a explicar cosas muy complicadas para probar a continuación que todo es muy sencillo. Los adultos están hechos así.

—Yo no soy adulto.

—Es verdad, pero tampoco eres un bebé. Y un bebé utiliza a su doble de continuo pues lo necesita para vivir y porque todavía no entiende el parloteo de los adultos.

Una sonrisa radiante ilumina repentinamente el rostro del niño:

—Sabes, mi madre dice que soy todavía un bebé. Así que puedes decirme lo que hace un bebé con su doble porque yo tampoco entiendo tu cháchara de adulto, ¡pero la necesito para vivir!

3
LOS SUEÑOS
SON VITALES

Este jovencito, que es un esbozo de hombre, me enternece:

—Tu doble puede ocuparse de ti durante tus sueños. Solamente tu manera de dormirte le permite venir a ti para aconsejarte y arreglar tus posibilidades futuras.

—¿Eso es todo?

—Es todo. Un bebé lo sabe y vive sin preocuparse del mañana.

—No me extrañaría que nadie te creyera, pero, sabes, a mí me gusta. Por lo menos, es fácil y sencillo.

—Porque todavía eres pequeño. Con los mayores hay que esconder la sencillez endureciendo los comentarios con demostraciones hechas de hormigón armado, porque nadie quiere admitir que lo principal se resume en "muy pocas palabras".

—Me gustaría encontrar en tus explicaciones esas "muy pocas palabras."

—¡Están ahí! El primerísimo control de un sueño –el cual, por definición, no es controlable– consiste en saber dormirse atrayendo al doble de uno. Si como los bebés, no necesitas explicación en cuanto a la existencia de ese otro "yo", ganas muchísimo tiempo. Es la reflexión lo que nos ralentiza. ¿Has visto alguna vez un animal que reflexione para beber? –este comentario le hace sonreír, así que sigo adelante–: beber el tiempo es igual de importante, no necesita ninguna reflexión.

Me mira con aire inquieto:

15

—Beber el tiempo ¿hablas en serio?

—Se trata de beber, durante el sueño, las informaciones del pasado y del futuro. Los sueños están ahí para eso. ¿Te has dado cuenta alguna vez que nos hacen vivir en un tiempo diferente al nuestro?

Me interrumpe:

—Entonces lo que dice mi padre es cierto.

—¿Y qué dice?

—Dice que tus historias de tiempos diferentes son suposiciones gratuitas porque no tienen valor.

—Cuando llama a tu puerta para despertarte por la mañana refunfuñas porque te ha sacado de un sueño maravilloso y a menudo muy largo ¿verdad?

Me mira sorprendido:

—¿Cómo sabes que mi padre hace eso?

—Le dices a tu padre que investigadores –es decir, científicos que quieren a toda costa evitar suposiciones gratuitas– se han dado cuenta, con asombro, que un sueño extremadamente largo, con historias de nunca acabar, puede ser ocasionado por el ruido que despierta al que duerme, es decir, casi instantáneamente. Se puede cronometrar con exactitud la duración de un sueño, poniendo electrodos en la cabeza. Esto demuestra que existen en verdad dos transcursos diferentes del tiempo y, sin embargo, simultáneos. Entonces dime: ¿por qué esta larga vida "en otro lugar" no te iba a permitir vivir bien, re-encontrando el equilibrio lo antes posible?

—¿Qué hay que hacer?

—Saber dormirnos para controlar nuestros sueños. No es complicado. Si no lo haces, tus sueños te llevan hacia soluciones que no tienen nada que ver con tus problemas y das vueltas en círculos.

—¿Qué quiere decir "dormirse bien?"

Su sed de saber y su impaciencia me sorprenden:

—Es tu doble el que se ocupa de ti durante tus sueños. Debes pues, en primer lugar, contarle todos los problemas que te preocupan.

—Pero ya los tiene que conocer puesto que afirmas ¡que él soy yo!

—Él no te ve ni te oye. No sabe nada de ti. Es tu cuerpo el que graba todo lo que le cuentas. Es él el que pasa todas las informaciones a tu doble cuando éste viene a ti durante el sueño.

—¿Y luego?

—Luego te duermes pidiéndole sus soluciones.

—¿Eso es todo?

Siento de nuevo la decepción en su tono de voz.

—¡Ves! Empiezas a hacerte adulto. Te hacen falta explicaciones. El bebé no intenta entender. Confía totalmente en sus padres y se duerme fácilmente. Ignora el insomnio y los pensamientos que lo apartarían de su doble. Sabe que cuando despierte tendrá las informaciones necesarias para vivir bien. Si tienes esta certeza y esta confianza, tendrás la mejor solución posible a tus problemas.

—¡Es demasiado fácil!

A pesar de su tono de voz, le siento revigorizado y feliz.

4

EL MOVERNOS HACE
QUE ENVEJEZCAMOS
MÁS LENTAMENTE

Me pregunta con insistencia:

—Si durante tus sueños puedes tomarte el tiempo necesario en otro tiempo, ¿para qué te sirve?

—Te sirve para estudiar tus posibilidades futuras. Podrás posteriormente actualizar la mejor de ellas.

—¿Qué significa exactamente, actualizar?

—A cada instante vives en tu tiempo el futuro que te parece correcto. Lo haces actual instintivamente.

—Conmigo como hijo, mi madre ha debido elegir la peor de todas las actualizaciones –con aire contrariado, añade–. ¿Crees realmente en lo que dices cuando insinúas que el movernos hace que envejezcamos más lentamente que aquéllos que están sentados en su sillón?

—No lo digo exactamente así, pero sí, es verdad.

—Mi padre dice que son "eculubraciones" –se encasquilla en la palabra y tras ver mi sorpresa, añade–: a mí me gustan tus "eculubraciones." –Sin dar importancia a mi sonrisa, sigue adelante–: para simplificarlo todo, o para hacerlo "interesante", hablas de Einstein y de la relatividad del tiempo. Yo no sé lo que es eso y mi madre tampoco. En cuanto a mi padre, él dice que no es cosa de mi edad, así no tiene que demostrar que no sabe qué contestarme.

—Tú piensas que no eres capaz de entender a Einstein y, sobre todo, de aplicar una teoría establecida por un gran genio. Sin embargo, eres mucho más sabio de lo que imaginas, pues utilizas esa propiedad física a cada instante, para sobrevivir. La relatividad del tiempo está tan integrada en ti que no le das mayor importancia. Has nacido con ella. La conoces tan bien, te parece tan lógica, que sencillamente, la ignoras.

—La ignoro tan bien que no veo cómo podría utilizarla.

—¡Utilizando el futuro! Como una piedra que cae en una charca, las ideas de Einstein acerca del tiempo salpicaron al mundo entero. En aquella época nadie veía en ello ninguna aplicación práctica. Los científicos se preguntaban: "¿Cómo podríamos no envejecer de la misma forma en todas las partes del universo?" Para nada pensaban en las videncias, intuiciones y premoniciones tan poco racionales para su gusto. Sin embargo, el viaje en tiempos diferentes hacía soñar. Los científicos se hacían preguntas tontas, preguntas que fueron retomadas por novelistas y guionistas, como por ejemplo: ¿podríamos convertirnos en el padre de nuestra madre o en el hijo de nuestro hijo?

—¿Cómo es eso?

—Si te imaginas que puedes volver al pasado después de haber vivido en el futuro, puedes conocer a tu madre antes de que ésta se case. Si la amabas antes de ese viaje en el tiempo, no es difícil que te enamores de ella ¿no? Entonces te casas con ella y tenéis un hijo. Durante su embarazo vuelves al futuro y descubres entonces que su hijo eres tú. Eres tu propio padre. Tu madre, quien, claro está, te cree muerto, piensa que cuentas tonterías y que tan sólo eres su reencarnación.

—¡Es una locura!

—¡Sí, pero no la suficiente locura como para no ser verdad! La ciencia-ficción y las suposiciones iban por buen camino puesto que nadie imaginaba que dos relojes idénticos pudieran girar a velocidades diferentes alejándose o acercándose el uno del otro[2].

El niño se queda pasmado:

—¿Estás seguro de lo que dices?

—Ha sido demostrado[3]. Un cosmonauta en su cohete envejece más despacio que nosotros. –El niño no lo cree. Me viene a la mente una explicación, aunque sin embargo me parece difícil para un chico de su

---

[2] Ver el libro "Cambia tu futuro."
[3] En 1971, con estos relojes, J Aféele y R. Keating demostraron que el pasajero de un avión no envejece tan rápido cómo en la tierra.

edad–. Es la aceleración la que crea este fenómeno. Si vas en un cohete ultra-rápido y viajas durante un año, puedes volver a la tierra dos o tres siglos después. Todo depende de la velocidad. A tu regreso, tus preocupaciones y tu lenguaje darán la sensación de un pasado muy muy lejano.

—¡Es genial! –exclama el niño maravillado. De repente, toma un aire de profunda tristeza–. Sí, pero si me voy ahora en cohete, durante, digamos, un año mi vuelta será un horror.

—¿Por qué?

—Octavie sería viejecita o estaría muerta.

—¿Quién es Octavie?

—Es mi novia –dice orgulloso–. Es muy guapa, sabes. Pero dime, en el cohete, ¿es verdad que mi reloj giraría más lentamente que el suyo?

—¡Claro!

—Es increíble. ¿Te das cuenta la cantidad de pilas que me ahorraría?

—Hablando de relojes... –echo un vistazo a mi reloj– ¿Sabe tu madre que estoy aquí? —me sorprendía mucho su ausencia. Esperaba su llegada mirando a menudo la puerta entreabierta.

—Sí, va a venir. Has llegado con bastante adelanto y no ha tenido tiempo de ponerse guapa.

—Es ella la que llega tarde, deberías ir a decírselo.

—¡Qué más da! Has venido a ver a mi madre por su problema y yo te recibo justo antes, puesto que su problema, soy yo. Como dice mi padre, es un intercambio de buenos modales, ¿no?

Sonrío frente a este niño, quien sin levantar la cabeza, cual estudiante aplicado, pasa las páginas de mi libro.

Yo no sabía que detrás de la puerta, su madre estaba escuchando todo. Habría saltado como una tigresa si hubiera dicho algo fuera de lugar.

5

OBSERVAR Y ELEGIR EL FUTURO ANTES DE VIVIRLO

Este curioso hombrecito, ensimismado en sus pensamientos, parecía feliz:

—Me gustaría ser ese cosmonauta que vuelve un año después para observar y elegir el futuro antes de vivirlo, con la condición de que Octavie estuviese conmigo en el cohete, claro.

Mi sonrisa se desvanece, pero, sin embargo, estoy perplejo en cuanto al gran problema de esta familia y de este niño:

—Sí –continúa el niño–, ya me gustaría hacer un viaje en el tiempo, en el que vuelvo a la época de las diligencias y regreso hoy en día, descubriendo todos los progresos de golpe: el coche, el avión, el teléfono, el ordenador... ¡Sería genial!

—Sí –respondo–, uno se va en una época en la que se matan los unos a los otros con la espada y vuelve para descubrir una civilización en la que matan más limpia y rápidamente, con pistolas, fusiles, ametralladoras, cañones, bombas atómicas y todas las maravillas de nuestra civilización en donde el dinero ha sustituido a los dioses de nuestros antepasados.

El niño se me queda mirando como pato que mira el cuchillo:

—¿Hablas en serio?

—¡Claro!

—Te olvidas de la televisión, el cine, los caramelos, los chicles... que tu cosmonauta lleva consigo en la nave espacial. ¿Sabes que no es fácil de entender tu historia sobre el tiempo? Es complicada, pero me gusta. Los dibujos animados son mucho más sencillos. Deberías intentarlo.

Me mira con insistencia, sonriendo, y antes de que pueda decir nada, añade:

—Me gustaría hacer esa clase de viajes. Me hago preguntas y encuentro respuestas allá dónde aterriza mi nave espacial.

—Ahora ¡imagínate que puedes volver igual de rápido de lo que te fuiste! Nadie se habría dado cuenta de tu viaje y te volverías un estupendo "vidente."

—Si volviera demasiado rápido no vería nada de nada.

—Claro que sí, puesto que un breve momento en la tierra corresponde a varios días allí dónde vas a toda velocidad, para vivir tus sueños. Existen, en todo momento, breves instantes que no tienes tiempo de percibir: se llaman instantes subliminales.

—Sabes, en vez de utilizar palabrejas que nadie comprende, deberías decir lo que me acabas de decir. Mi padre dice que al gato hay que llamarle gato... aunque no tengas gato. Dime ¿Tienen también los gatos "momentos subliminales" para salir y regresar a toda velocidad sin que nadie los vea?

—Como todo mamífero, los perros, los gatos y los hombres no perciben esos tiempos de apertura porque la percepción es totalmente discontinua. Crees que ves todo el tiempo pero en realidad ves imágenes sucesivas que te dan la impresión de un movimiento continuo. En el cine vemos veinticuatro imágenes por segundo. La número veinticinco es invisible. Sin embargo se registra en nuestro subconsciente. Los publicistas han utilizado esas imágenes subliminales y han podido comprobar, con satisfacción, que modifican las ideas de aquéllos que creían no verlas.

—¡Hay probablemente personas que utilizan esas imágenes para transformarnos en marionetas!

—Seguramente.

El niño sonríe maliciosamente:

—Me gustaría hacer como ellos. Una vez vi una película en la que un hombre se movía tan rápido que los demás no tenían tiempo de verle moverse. Quitaba las corbatas, los cinturones de los pantalones, soltaba los sujetadores de las señoras, era genial, verdaderamente genial...

6

ENTRE LA LUZ DEL PASADO Y LAS TINIEBLAS DEL FUTURO, EL DESDOBLAMIENTO ES IMPERCEPTIBLE

Quiero mirar de nuevo el reloj pero el niño tapa la esfera con su manita, mientras me dice:

—Cuando duermo, yo sé perfectamente que no me muevo de mi cama. Me parece que mi padre tiene razón, tus historias no tienen ni pies ni cabeza.

—Por la noche, todos somos viajeros ultra-rápidos –digo– nuestros sueños nos arrastran hacia otros espacios, a velocidad prodigiosa, ¿sabes por qué?

—No.

—Pues verás, tienes otro cuerpo muy liviano que cada noche sale de tu cuerpo que está dormido. Viaja mucho más rápido que la luz. ¡Es la condición imprescindible para tener dos envejecimientos muy diferentes! Vives mucho tiempo allí dónde vas, mientras que aquí, no tienes apenas tiempo de observar tus idas y venidas. Tu viaje es imperceptible. Allí dónde vas vives otra experiencia en un tiempo diferente al tuyo.

—Si abandono mi cuerpo, éste se muere ¿no?

—Ni siquiera tiene tiempo de darse cuenta. Además, tú piensas que tu viaje ni siquiera existe, puesto que generalmente no te acuerdas de nada.

—¿Pero para qué sirve viajar tan rápido y tan lejos si no te acuerdas?

—En las discotecas, suele haber un disco lleno de agujeros que gira frente a un proyector: se llama un estroboscopio. Poniéndolo en marcha, ves a los bailarines cada vez que un agujero pasa por delante de la luz. Con una velocidad de disco lenta, tienes una sensación de ralentizado. Cuando la aceleras terminas por percibir un alumbrado continuo. Sin embargo, tú sabes que de vez en cuando no se ve nada. Si tu viaje ultra-rrápido, "en otro lado", se lleva a cabo en un tiempo de oscuridad, nadie se da cuenta de tu ausencia. Esta luz "estroboscópica" existe en todos los sitios. Nuestras farolas se apagan y se encienden cincuenta veces por segundo.

—No entiendo por qué no dejan la luz encendida en vez de apagarla y encenderla de continuo, como locos. Mi padre no ha sabido decirme por qué hacen esto. Pero ha dicho algo gracioso. ¿Sabes lo que ha dicho?

Me mira con aire tan malicioso que le tengo que preguntar:

—¿Qué es lo que ha dicho tan gracioso?

—Según él, tan sólo tú estás iluminado todo el tiempo.

—¡Aurélien! —grita su madre al tiempo que abre de par en par la puerta del salón.

Me levanto de un salto para saludarla.

—Buenos días, señora.

—¡Buenos días, Jean Pierre! Mi hijo tenía tantas ganas de hablar contigo, que os he dejado a solas. Por favor, no te preocupes por mí.

—¡Mamá, escucha esto! Vas a entender por qué puedo ver cosas que no existen para papá, –dice sobreexcitado–. Cada noche parto a toda velocidad a hacer montones y montones de experiencias muy lejos. Voy y vengo tan rápido que mi cuerpo no se da ni cuenta.

—Le hablaba a tu hijo de los sueños —explico.

—Lo sospechaba –dice con voz suave mirando a su hijo–. Aurélien está actualmente muy confuso debido a pesadillas repetitivas.

—¿Sabes por qué mis pesadillas son oscuras? –dice el chico– es porque no tengo tiempo de saber que me voy.

Viendo el aspecto sorprendido de su madre, le aclaro rápidamente:

—Bueno, en realidad todo depende del lugar adonde vas. El tiempo puede acelerarse o ralentizarse. Los sueños son luminosos y las pesadillas muy oscuras. Todo depende de las vibraciones luminosas que se intensifican en los tiempos acelerados hasta el punto de volverse muy sombríos. Ahí en donde tú ves tu futuro, todo es oscuro.

El niño mira fijamente a su madre suspirando y señalándome con el dedo.

—¡Él es siempre así!

—¡Basta, Aurélien! No hay que hablar así.

—Pero lo que digo es verdad –añade el niño disgustado–. De todas formas, su libro es difícil de entender, con frases incomprensibles y no te atreves a decírselo por miedo a que te tome por tonta.

—Tu hijo tiene razón, las palabras son complicadas, pero la ley es sencilla.

En un intento de atenuar la irritación de la madre, me giro hacia éste:

—Si un segundo en tu cama, se convierte en días allí dónde te llevan tus sueños, puedes decir que el tiempo se acelera. ¿Sabes por qué te das cuenta de esa aceleración?

—No.

—Porque a tu alrededor, todo está muy sombrío.

—¿También en pleno día?

—Claro, puesto que estás acostumbrado a vivir en un tiempo normal, totalmente diferente al tiempo acelerado que existe allí donde se fabrica tu futuro potencial.

—¿Qué es un futuro potencial?

—Un coche puede desplazarse a doscientos kilómetros por hora. Es un potencial que no utilizas habitualmente. Puede que seas malo y eso también es un futuro potencial que no utilizas cuando eres bueno. Tu presente se encuentra en una luz terrestre tan brillante que allí, en el futuro, todo te parece sombrío. Entrevés posibles porvenires que dan miedo en una oscuridad total que, a menudo, te parece infernal.

—¿Qué debo hacer para no ver nada? Estoy harto de las pesadillas.

—Tienes que ir allí donde el tiempo está ralentizado, allí donde vive tu doble. Para él, eres tú el que vive en la oscuridad en un planeta que parece luminoso. Todo es una cuestión de velocidad. La tierra recorre un espacio en nuestro sistema solar mientras nuestro sol atraviesa otro espacio en la galaxia...

—Mientras que la galaxia –prosigue Aurélien vocalizando mucho–, atraviesa el universo.

—¡Exactamente! El lugar en donde vives te envuelve en una luz que te ilumina. Cuando sales de tu cuerpo, vas allí en donde la luz ya no es la misma. Si el tiempo está acelerado, todo te parece sombrío. Si se ralentiza, todo te parece resplandeciente.

Una llamada a la puerta, nos interrumpe.

Me levanto:

—Os dejo.

—¡Ni hablar! –dice la madre levantándose ella también–. Soy yo la que se va un momento. Dile a mi hijo que venga a buscarme cuando te tengas que ir o necesites hablarme, pero por favor, ¡explícale cómo librarse de sus pesadillas!

En cuanto su madre sale del salón, el niño se pone en posición de combate y exclama, orgulloso de sí-mismo:

—¡A mí, las fuerzas de la oscuridad!

Sonrío interiormente:

—¿Sabías tú que nuestros antepasados eran totalmente conscientes que el futuro infernal se escondía en la oscuridad? Temían a los "infiernos" que se perdían en la noche de los tiempos.

Aurélien se muestra intranquilo:

—¿Piensas que existe en verdad un príncipe de las tinieblas todo negro y lleno de poderes mágicos? —pregunta.

—¡Luz y tinieblas! Es la creación: *"Y Dios separó la luz de las tinieblas."* Ya ves cómo esta frase de la Biblia es una perfecta realidad física. En primer lugar, el Creador fabrica el futuro por la noche, y luego actualiza lo mejor del día. *"Hubo la noche, hubo el día..."*

—*"¡Y Dios vio que eso era bueno!"* ¡Como los cruasanes en el desayuno! —concluye el niño con una sonrisa feliz.

7

¿POR QUÉ DESDOBLARSE?

Rápidamente, el jovencito se vuelve a poner serio:

—Mi madre dice que nos guía el más allá. A mi padre, eso le da risa. Él dice que más allá del todo claro que no hay nada, sino estaría en el todo que lo envuelve todo. ¿Tú crees en los extraterrestres?

—Yo pienso que todas las estrellas deben estar habitadas. ¿Por qué íbamos a ser nosotros la excepción en el universo?

—Mi padre dice que a las personas que hablan de extraterrestres hay que internarlas con los locos pues éstos los ven de continuo. Yo ya sé que no estoy loco y sé que el loco es aquél que no ve quiénes son los que le hablan en su cabeza. Hay muchas cosas y esas cosas nos dan muchas ideas.

—Nuestra cabeza está hecha para escuchar a nuestro doble. Sólo que hay gamberros que la utilizan para darnos informaciones falsas.

Parece asombrado, por no decir, asustado:

—¿También hay gamberros en el espacio?

—Te he dicho que durante tus sueños sales de tu cuerpo y de la tierra a toda velocidad. Cualquiera puede hacer lo mismo. Te vuelves "extraterrestre" mientras un "extraterrestre" viene en ti.

Le veo palidecer de repente:

—¡Dices que me vuelvo extraterrestre! ¡Eso es una locura! Yo no puedo volverme como ellos, todo gris, sin pelo, con agujeros a modo de orejas...

—¡Pero claro que no! Empleo esta palabra para hacerte entender que sales de la tierra para ir a "otro lugar". Las informaciones se transmiten de esta manera en el universo. Cuando te desagradan, se vuelven pesadillas y te despiertas para escapar de ellas. Sin embargo, si utilizas estos viajes para tomar el lugar de tu doble, éste toma el tuyo y tus sueños te embellecen la vida. En él encuentras tu memoria mientras que él da las mejores informaciones a tu cuerpo, que recobra toda su vitalidad. Cuando te despiertas tienes instintos e intuiciones saludables. Las pesadillas desaparecen.

—¿Por qué no viene a quitármelas cada noche?

—Él solamente puede venir a ti, si tú se lo pides.

—Un tío que cae del cielo, ¡como si lo viera! He visto una película así en la tele: los militares lo encerraron para estudiarlo a fondo.

—Si tú fueses ese doble, no estarías loco. Tus llegadas serían imperceptibles, ¡subliminales! Serías el observador invisible del lugar oscuro en el que se fabrican, siguiendo tus consejos, ¡tus futuros inmediatos!

—Si yo soy un doble invisible, ¿cómo quieres que me las arregle para dar consejos?

—Si tu doble no puede hacerlo, su porvenir allá dónde se encuentra se vuelve arriesgado puesto que él sólo puede vivir en su mundo, actualizando un futuro potencial fabricado por ti en la tierra. Si quiere alejar los peligros, es imprescindible que te guíe. No tiene otra elección. Para ello hace falta que puedas escucharle.

—¿De qué manera?

—¡Haciéndole venir y escuchando las intuiciones que resultan de ello! Te llena la cabeza de un montón de ganas nuevas que te hacen reaccionar en la dirección que él desea. Te libera de los proyectos pasados que los gamberros habían dejado caer en tu memoria durante las pesadillas.

—¿Piensas de verdad que voy a oír voces, como Juana de Arco?

—Todo el mundo las oye pero pocos se dan cuenta. Vivimos gracias a los pensamientos que nos vienen de continuo de otros mundos y de otros tiempos, para guiarnos. Sin ellos, no tendríamos ni instinto, ni intuición, ni premonición.

—Veo desde aquí la cara de mi padre escuchando las voces venidas desde el cielo.

—Tu doble sabe que es tan sólo un pequeño observador exterior del pobre pequeño terrestre que eres. Puedes escuchar a quien quieras y olvidar hasta su existencia. Sin embargo, es él el que sabe lo que debes hacer en la tierra. Él viaja a través del universo, observando, aquí y allá, las mejores posibilidades de porvenir para ti. Le gustaría indicártelas puesto que eres tú el que le fabrica su futuro en la tierra. ¿Entiendes por qué viene en cuanto lo deseas? Claro que sus viajes le toman tiempo, pero su velocidad es grande y sus ausencias muy cortas. Desde 1989, las puertas entre los diferentes tiempos están abiertas de par en par, y sabes algo: también hablo de ello de manera científica. ¡Los adultos necesitan eso!

Aurélien parece atónito:

—¡Esta historia es una locura! ¿Pero cómo puede nuestro doble dar consejos a una persona, que, como yo, no lo ve, y no sabe que está ahí, en lo invisible?

—Si sabes que estás desdoblado, aprovechas cada instante. Basta con saber hablar con él.

—¡Pero nadie lo sabe!

—Por eso todo el mundo va de un lado para el otro sin entender la vida. ¡Tu doble puede venir como un rayo para guiarte de continuo! Escuchándolo, siempre sabes que le fabricas potenciales agradables que él actualizará cuando sea su momento, al final de tu desdoblamiento.

—¡Eso no lo entiendo bien! ¿Quieres decir que mi doble vive en otro lugar, en otro planeta?

—Tu doble se ha quedado ahí en donde lo has dejado al principio del último ciclo de desdoblamiento de los tiempos. Al final de este ciclo que dura veinticinco mil años, debes volver a juntarte con él. Y este final está cerca.

—¿Y ese lugar, dónde está?

—Cada persona tiene una estrella en el cielo.

El niño se echa a reír:

—¡Me parece que mi padre tiene razón! –suspira intentando recobrar su seriedad–. Dice que tienes demasiada imaginación y que no hay que seguir a los "dulces soñadores."

—Le dices a tu padre que Platón decía lo mismo.

—¿Quién era Platón?

—Un filósofo griego que vivió más de cuatro siglos antes de Jesucristo. Él decía[4]: "Cada alma tiene una estrella y el que lleva una vida intachable durante el tiempo que le es acordado, tornará a su estrella."

---

[4] Timeo/Critias.

—¿No se decían muchas tonterías en aquella época?

—Sí, las mismas que las mías, y esas tonterías son las que hoy te permiten vivir bien.

Pero mi pequeño interlocutor ya no me escucha:

—¡Sabes que no puede funcionar tu historia de desdoblamiento! Somos miles de millones en esta tierra. ¿Habría miles de millones de dobles capaces de dirigirnos y de aconsejarnos de esta manera? Esto se volvería rápidamente un infierno.

—¡Es que ya es un infierno! Escuchamos de todo, a cualquiera, en cualquier lugar. Sin embargo, cada uno de nosotros tenemos, sin excepción alguna, un doble capaz de aconsejarnos y que vive en un tiempo ralentizado. La pregunta que debiéramos hacernos no es saber quién recibe los mejores consejos en la tierra, sino cómo recibir los de nuestro doble. Él es el único que está adaptado a nuestro caso, puesto que él soy yo.

Aurélien me mira a los ojos, pensativo:

—¿Cómo puedes tú saber que es mi doble el que debe aconsejarme? Yo también puedo aconsejarle.

—El está en su luz. Tú vives en un tiempo acelerado, es decir en sus tinieblas que a ti te parecen luminosas. Eres tú el que le fabrica sus posibilidades futuras. Tú lo has olvidado, pero él no. Tú eres necesario para él. Él lo sabe, tú no.

—¿Cómo me las he arreglado para llegar al vientre de mi madre?

—Eso es demasiado largo de explicar.

Adivina probablemente mi intención de mirar la hora y pone su mano sobre mi reloj:

—¿Me puedes decir en dos segundos dónde voy tras mi muerte, puesto que dices que voy a reunirme con él?

—¿Qué quieres que te diga? Él estará allí dónde tú vayas cuando te mueras, si consigues reunirte con él. Tu vida no aparece en su tiempo, tiene, como tú, instantes imperceptibles que le permiten intercambiar informaciones contigo. Él actualizará en su vida el mejor futuro que tú hayas podido fabricarle. Ya ves la importancia que tienen tus sueños.

—¿Y si yo le fabrico un mal futuro?

—Actualizará un mal presente en su vida, y como su vida es la tuya tras tu muerte, tú vivirás mal y él también.

—Pero nadie nunca me ha explicado esto —exclama frenético.

—Sin embargo, has construido con él el cuerpo que te anima en esta tierra. Lo has hecho para resolver problemas personales. Algunos hombres necesitan un siglo, otros mueren en el vientre de sus madres. Todo depende de tus preguntas. Si puedes encontrar respuestas más rápidamente siendo ciego o retrasado, nacerás siendo ciego o retrasado. No hay ninguna injusticia en nuestras diferencias puesto que somos nosotros los que las hemos decidido antes de nacer.

—¿Y si me muero demasiado pronto?

—¡No te preocupes por eso! Si estás en relación constante con tu doble, él te protege y te mueres cuando llega el momento y la hora. Para él, las respuestas a las preguntas que nos hemos hecho antes de nuestra encarnación en la tierra son necesarias después de nuestra muerte. Debemos sobrevivir juntos en otro lugar, con las soluciones adecuadas. Si conduces tu cuerpo y tu espíritu en un camino sin salida, te desequilibras. Si buscas informaciones útiles, reencuentras el equilibrio que te permite continuar con las investigaciones emprendidas con tu doble.

Desgraciadamente, se me hace tarde y debo irme. Al verle tan triste, le prometo regresar:

—¿Mañana a la misma hora?

—¿Y esta noche, qué hago? –pregunta inquieto–. No lo he entendido todo.

—Haz como el bebé que no intenta saberlo todo antes de ponerlo en práctica. Empieza por decirte que mañana todo habrá cambiado según los deseos de tu doble y que si él juzga conveniente que yo venga, estaré aquí.

—Acabas de llegar y ya te quieres ir. Tú debes de tener un verdadero problema con el tiempo, ¡te lo digo yo! ¿Para qué sirve explicarme que el futuro existe si ni siquiera sabes decirme lo que voy a hacer cuando te hayas ido? ¿Quién sabe si acaso por tu culpa yo ya estoy enfermo en el futuro?

Me limito a responderle:

—¡Pregúntale a tu doble! ¡Haz como nuestros antepasados que intentaban "domesticar" el futuro para hacerlo potable antes de beberlo! Los augurios, los oráculos, las predicciones[5], las pitonisas, las profecías con sus especialistas estaban a nuestra disposición. ¡Escucha y "traga" todo lo que te viene a la mente!

---

[5] El caduceo era el símbolo de videncia de Hermes, hermano de Apolo e hijo de Zeus. En realidad esquematiza la doble hélice del movimiento de desdoblamiento. Ver anexo nº2 del libro "Cambia tu futuro."

Contento por ver que no he mostrado intenciones de quererme ir, concluye:

—Probablemente "trago" cada noche, futuros tan malos que no los digiero. Hay algunos que tienen muy mal gusto ¿sabes?

—Tragas pero también fabricas. Emitimos y recibimos información a cada instante y lo ignoramos. Si no las sabemos clasificar, avanzamos en el futuro sin código de circulación, pasando semáforos en rojo a cada momento, contando con la suerte para evitar el accidente. El futuro siempre te abre un abanico de posibilidades. De ti depende el elegir el mejor porvenir y el menos peligroso, siguiendo los consejos de tu doble.

8

BEBER UN FUTURO
POTABLE PARA
EVITAR EL ESTRÉS

—Tú mismo decías –exclama Aurélien–, que si conoces tu futuro con antelación, o te aburres o tienes mucho miedo.

Sus preguntas se sucedían con el fin evidente de obligarme a quedarme con él.

—Saber arreglar el futuro es más importante que predecirlo pensando que es algo preestablecido –contesto–. No estamos predestinados puesto que podemos cambiar el porvenir a cada instante.

—¿Qué significa predestinado?

—Significa que no estamos obligados a vivir el futuro que se nos ofrece. ¡Podemos cambiarlo a cada momento, si sabemos lo que nos conviene! Ya ves, pues, que es bueno tener instrucciones de nuestro doble para estar tranquilo. ¡No puedes tener miedo del día siguiente si recibes cada noche buenas informaciones! Basta con que durante el día escuches tus pensamientos y tus intuiciones. Serán el reflejo de esos consejos nocturnos.

—Cada mañana me levanto con una bola ¡aquí! –me muestra su esternón– y me gustaría que desapareciera sin tener que acordarme de mis sueños.

—No se trata de acordarte o no, se trata de suprimir esas posibilidades futuras inadaptadas a tu organismo. Sin control de tus intuiciones y de tus instintos, se hace inevitable el retorno peligroso de un futuro olvidado.

—¿Qué futuro olvidado?

—Todo lo que has podido pensar un día y que ya no te acuerdas para nada. Por ejemplo, piensas en matar a la cajera de un supermercado que te pone nervioso.

—¡Sobre todo la del supermercado de enfrente! Es tan tonta y se cree tan inteligente... Me habla como si fuera un bebé y me dan ganas de estrangularla.

—Claro que sabes que no lo harás, pero el asesinato ya existe en el futuro. Cualquiera podrá utilizar ese potencial y cometer un asesinato que sólo tu pensamiento ha creado. Serás co-responsable. ¿Ves el peligro de un potencial olvidado? Fabricas un mil voltios y alguien se electrocuta conectándose a tu potencial porque solamente aguanta un doscientos veinte.

—Mi potencial debe de estar cerca de cero. Ya no puedo comer. Mi madre ya no me obliga a desayunar, porque vomito cada vez. ¿Crees que mi doble puede quitarme el miedo?

—¡Sólo si tú se lo permites! Es difícil saber si tu adormecimiento es bueno. Para saberlo, existe un criterio infalible: al día siguiente, ya no estás estresado, te sientes bien. Nuestro doble nos pone siempre sobre una vía que no engendra ningún miedo al mañana. Aunque no tengas ningún recuerdo, tu cuerpo ha recibido informaciones saludables, se siente bien y te lo dice a su manera, a pesar de que en tu cabeza pienses que los problemas no pueden cambiar durante la noche.

—¿Has visto alguna vez a alguien que no tenga miedo alguno cuando se levanta por la mañana?

—¡Claro que sí! Tengo muchos ejemplos.

Me viene a la mente ese jefe de empresa muy deprimido:

—"¡Es el colmo!" –decía esta persona llena de problemas–. "Mi empresa está al borde de la ruina, mi mujer me ha dejado y, debido a mi enfermedad, me pregunto si no tengo ya un pie en la tumba."

Poco tiempo después de terminar nuestra formación nos escribió:

—"¡Por fin una vida sin estrés!"

Más adelante, su empresa se puso de nuevo en marcha y su estado general de salud mejoró.

—Pero desgraciadamente su mujer volvió —añade Aurélien echándose a reír.

—Se divorciaron, pero sin peleas.

—Un enfermo es una persona que tiene miedo a la muerte, pero yo no tengo empresa, ni enfermedad. Mi madre dice que tengo demasiado estrés, pero ¿qué es el estrés?

—El estrés es siempre la consecuencia de un problema sin aparente solución.

—Tengo una solución pero me da todavía más miedo.

—¡Pregunta a tu doble! Si no hay solución, él borrará tú problema.

—¿Cómo? ¿De golpe?

—¡Es posible! Todo depende de ti.

—¿Y cómo puedo saberlo?

—Escuchándolo.

—¡Ya me gustaría poder oírlo!

—Debes poner mucha atención, su respuesta llega a menudo por caminos indirectos.

—En tu libro das muchos ejemplos y repites muchas veces eso de "demasiado demasiado", pero yo no tengo nada.

—Siempre tienes indicaciones de "¡demasiado demasiado!, como tú dices. ¡Depende de ti el verlas! Un libro que se cae, una frase en la tele, todo lo que percibes puede ser una información útil. Hay que recapacitar antes de rechazar como inútil lo que lees, ves, oyes o, ¡qué sé yo! Puedes confiar en tu doble para todo y en cada instante si sabes utilizarlo en tus sueños. "Lo consultaré con la almohada" es un dicho válido que antiguamente siempre se ponía en práctica. Interpretar los signos es una necesidad para aquél que quiere anticipar los mejores futuros.

—Mi padre dice que en tenis, sé anticipar muy bien.

—¡Haz lo mismo en la vida! Saber que la solución se encuentra al final del camino te libera de toda angustia y te permite mirar al futuro sin miedo.

—Mi madre lo ha intentado todo y no lo ha conseguido. Sigo teniendo mi gran problema. Puedo asegurarte que ha hecho de todo. Mi padre dice, riendose, que dilapida el dinero del hogar. En todo caso lo bueno que tiene nuestro doble, es que no necesitas dinero para contactar con él.

Parece de repente tan ensimismado en sus pensamientos, que aprovecho para mirar la hora.

El niño se da cuenta:

—Además, él no está mirando la hora todo el tiempo. Funciona demasiado lentamente en su tiempo.

Le miro sonriente. Me devuelve la sonrisa:

—Mi madre dice que, sin embargo, hay técnicas que funcionan en personas que no conocen tus historias sobre el tiempo!

—Pues sí, pero primero hay que saber por qué funcionan para así eliminar todo lo que es inútil y que crea supersticiones.

—¿Las supersticiones son inútiles?

—¡Claro! Si piensas que es malo sentarse trece en una mesa, pasar debajo de una escalera o ver un gato negro, fabricas en el futuro un mal que será actualizado por aquél que piense como tú. Una desgracia te cae sobre la cabeza. Un amigo te dice: "Los males nunca vienen solos." Automáticamente éste actualiza un segundo problema que agrava el primero. Este amigo es tan peligroso como aquél que con una sonrisa burlona, te dice: "¡No hay dos sin tres!" Y ya estás hospitalizado tras decir a todo el mundo que te lo habían advertido. Estás aumentando el peligro a los supersticiosos.

—¡Pero todo el mundo dice eso! No me puedo tapar los oídos todo el tiempo.

—No es evitando a los que te dicen tonterías que escaparás de las consecuencias de los disparates y de las supersticiones. Debes pedir a tu doble que haga la selección y optimice las técnicas, puesto que ignorándolas pueden volverse peligrosas al tiempo que parecen aparentemente eficaces. Si no conoces nada del pasado ni del futuro, ¿para qué te sirven la gimnasia, las abluciones, los cánticos, los bailes, si no son para divertirte? ¿Cómo puedes saber si es bueno caminar sobre el fuego, tomar drogas, inmovilizarte, entrar en trance, pedir a Dios, al diablo, rezar a todos los santos del cielo o poner velas en las iglesias? Cuando no sabes nada, la intuición es siempre menos peligrosa que la superstición.

—Siempre dices que está al alcance de todos y yo digo que exageras un poco demasiado.

—Es fácil decirse a uno mismo que el día trae problemas que podemos resolver por la noche. Sin embargo preferimos pensar que no tenemos ninguna responsabilidad en nuestros desequilibrios, que un Dios condescendiente vela sobre nosotros o que una mala suerte nos hace una mueca cuando, en realidad, estamos siempre recogiendo el fruto de nuestro adormecimiento.

Vuelvo a mirar mi reloj. Aurélien se queja:

—Nunca voy a entenderlo todo si en cuanto llegas ya te tienes que ir. Si pasas un poquito de tiempo conmigo, tu doble no te lo echará en cara puesto que él, en su tiempo, ni siquiera se dará cuenta. Así que hazme el favor, ¡quédate un poco más!

—¡Eres un niño increíble!

—¿Quieres decir que te quedas?

—Tengo mucho trabajo.

—Si tienes en cuenta lo que yo te digo, puedes transformar tu libro y así tus lectores cambiarán su futuro mucho más fácilmente. No habrás perdido el tiempo puesto que venderás más libros. Como tendrás más lectores, tendrás más potenciales y cambiarás todo el planeta. Ya no habrá catástrofes y todo el mundo dirá: menos mal que conoció al pequeño Aurélien, si no, toda la tierra estaría ya destruida. ¿Y quién se encargará de la ayuda humanitaria cuando todo el mundo necesite ayuda? Nadie. No habrá nadie que se ocupe de nadie. Ya veo todos los malos futuros que se formarán por culpa de alguien que se quiere ir nada más sentarse en una silla.

—Empiezas a entender bien mis historias, hombrecito.

He recibido una buena lección, así que de repente tengo menos prisa. Con una media sonrisa, Aurélien prosigue:

—Dices que con el doble, el día siguiente es siempre mejor que el mismo día. ¿Es eso siempre así?

—¡Claro que sí!

El niño suspira:

—Si me fabrico un futuro como es debido, ya no tendré que tener ningún miedo pero ya no tendré ganas de nada puesto que todo estará bien. Mi padre dice que no vale la pena tener miles de millones porque un multimillonario ya no desea nada: tiene todo lo que quiere pues compra todo lo que desea.

—¡Elegir nuestro futuro no es tan sencillo!

9

LA SENCILLEZ
DEL ADORMECIMIENTO

Este curioso hombrecito hace una observación interesante:

—¡Si he entendido bien, más nos vale elegir un buen colchón para pasar una buena noche!

—Sabes que Pitágoras[6] ya lo decía en "Los versos de oro": "Acostúmbrate a controlar tu sueño... y no dejes que el dulce sueño se apodere de tus lánguidos ojos sin antes haber repasado lo que has hecho en el día." Esto era cuatro siglos antes de Jesucristo.

—¿De quién hablas?

—De Pitágoras. ¿No has oído hablar del teorema de Pitágoras?

Aurélien suspira:

—No, y no es un teorema lo que me va a hacer entender mejor. Mi padre dice que nos arrastras por el laberinto de la complejidad. ¿Qué es el laberinto de la complejidad?

No puedo retener una sonora carcajada:

—En vez de reírte deberías contestarme.

—La complejidad es todo lo contrario a la sencillez, y para controlar nuestros sueños, no hay nada más sencillo. Primeramente, antes de quedarte dormido, habla con tu doble y coméntale todo lo que te molesta, sin esconderle nada.

---

[6] "Los versos de Oro" de Pitágoras – publicado por Troquel Editorial, 1994.

—¿También los problemas muy complicados?

—Todo, hasta lo que te da miedo.

—Si tengo miedo antes de acostarme, ya no duermo.

—¿Por qué tener miedo si vas a tener la solución? Además, no estás obligado a pensar en ello justo antes de quedarte dormido. Puedes hacerlo un poquito antes. Antiguamente, nuestros antepasados se ponían de rodillas para reflexionar sobre sus problemas a la vez que evitaban el sueño. Los cristianos han utilizado esta posición para rezar más fácilmente, sin saber la razón exacta.

—La abuela de mi madre tenía un reclinatorio en su habitación. ¡Podría utilizarlo!

—¿Para qué? Es inútil hacer cómoda una posición que, para evitar el sueño, debe ser incómoda. Además, necesitas muy poco tiempo para contarle a tu doble tus problemas, te los sabes de memoria.

—¿Y luego?

—Luego te acuestas, si todavía no lo has hecho, y siempre antes de quedarte dormido, le pides a tu doble que encuentre la mejor solución a tu gran problema.

—¿Eso es todo?

—Eso es todo. Es todavía más sencillo porque tú no le pides tu solución, sino la suya, que quizá no tenga nada que ver con la tuya. Será una gran sorpresa.

—¿Estás seguro que mi gran problema va a desaparecer por el simple hecho de pedirle una gran sorpresa? —pregunta el niño estupefacto ante tal sencillez.

—Si tienes la certeza de que tu doble va a darte la solución, él irá a buscarla a tu futuro. Basta con que confíes en él y que te duermas sin pensar en nada más. Cierras los ojos, con confianza, seguro del resultado.

—¡Nunca me ha respondido, no veo por qué lo haría por el único hecho de tener confianza y de estar seguro del resultado! —dice Aurélien, decepcionado.

—Si no te duermes enseguida es que piensas en otra cosa. De esta manera le pruebas a tu doble que no esperas nada de él, o que tienes miedo del porvenir o peor todavía, que no quieres saber nada de su solución. Cuándo haces una pregunta a tus padres, no te vas antes de tener la respuesta ¿no?

Aurélien reflexiona un momentito antes de darse cuenta, felizmente:

—¡Pero es demasiado sencillo!

—Claro, puesto que renuncias a ser complicado. Si confiesas tu impotencia, eso significa que piensas que tu doble posee una fuerza más grande que la tuya. Tan sólo espera eso para probártelo. ¿Por qué quieres que no funcione? Él viaja por todas partes en busca de la mejor solución y, en cuanto le pides ayuda, viene inmediatamente para guiarte hacia mejores futuros.

—¿Y si no los tuviera buenos?

—Los arreglaría antes de que pudieras actualizarlos.

—¿Me duermo en cuanto venga o me duermo para que venga?

—Como no piensas en nada más, esperas su ayuda y su respuesta con impaciencia. Entonces, te duermes como un bebé, un segundo más tarde. Sabes que vas a tener una gran sorpresa y que el día siguiente será mejor que el anterior. Sin saber por qué, te despertarás sintiéndote bien. Tu gran problema habrá probablemente encontrado una solución. Para darte cuenta, bastará con que vivas según tus instintos y tus intuiciones.

10

TENER ÉXITO SIN INTENTAR ENTENDER

Al día siguiente, en cuanto llamo a la puerta, Aurélien me abre echándose a mi cuello. Sin casi respirar exclama:

—¡Incluso mi padre ha dormido bien! Ahora que lo pienso, no he hecho las presentaciones: mi padre es Charles y mi madre Françoise. Yo hubiera preferido François y Charlotte.

Sonriente, esta última se dirige a mí:

—No sé cómo agradecértelo. Mi marido y yo hemos pasado una noche muy buena, no nos hemos despertado con la angustia tenaz de cada mañana.

—Es a tu doble al que se lo tienes que agradecer. Yo no tengo nada que ver.

Su hijo me mira, intrigado:

—Has dicho que el sueño es paradoxal porque no nos podemos mover para nada. ¿Piensas que yo también soy paradoxal?

—¿Qué quieres decir?

Me lleva rápidamente hasta el salón. Esta precipitación por su parte parece conllevar una contrariedad, o un cierto miedo. Una vez solos los dos, me confía:

—Cuando tengo mi gran problema, ya no puedo moverme, es como si estuviera paralizado.

Viendo mi aspecto intranquilo, sonríe para tranquilizarme, pero yo no sé qué pensar de lo que me cuenta:

—Dicen, que lo mío es "psicosomático."

Sin esperar mis comentarios, añade:

—¿Piensas que una sola noche basta para obtener las informaciones capaces de volver a poner orden en mi desorden?

—Tu doble está a tu servicio todo el tiempo. Solamente espera tu buen querer para transmitirte los mejores instintos de supervivencia. El único problema es, que sin el control de tu adormecimiento, tus sueños te dan informaciones erróneas.

—¿Cómo es eso?

—Nuestro mundo fabrica el futuro de nuestros dobles para que puedan sobrevivir. Según esta misma ley, hace falta, por lo tanto otro mundo para fabricar nuestro futuro. Aquéllos que viven en él te acechan cada noche para alejarte de tu doble, con el fin de modificar tus pensamientos.

—¿Por qué?

—Porque solamente tu doble conoce el propósito de tu vida. Si los otros consiguen modificar tus deseos, pueden vivir como les plazca y crearte de este modo un futuro inútil y hasta peligroso. Si no, se verían obligados a vivir a tu manera, y claro está, no tienen por qué desear obedecerte. Una información de tu doble puede proporcionarte una idea saludable, mientras que informaciones inútiles o peligrosas provenientes de aquéllos que crean tu futuro pueden hacerte sobrevivir maltratándote.

—¿Habré recibido malas informaciones esta noche? —pregunta Aurélien, de repente inquieto.

—Cuando te despiertas sin estrés ni dolor, pero con alegría, puedes estar seguro que has logrado "dormirte bien". Hay otros criterios para identificar tus logros. Cuando hablas por teléfono, sabes que tu interlocutor te oye porque te contesta. Cuando nadie contesta al teléfono, suena el timbre o salta el contestador. Sabes que existe una técnica, aunque desconozcas cual es. Cuando te acostumbras, utilizas el aparato que te apetece. Con las aperturas temporales es lo mismo. Puedes averiguar quién descuelga, quién te oye, quién te responde. Tienes puntos de referencia que te permiten no ser molestado para nada, ir a lo esencial o entretenerte según desees.

—¿Qué puntos de referencia?

—En tus sueños, aterrizas en lo negro de tus pesadillas o en la luz de tu doble. En la claridad te cuesta mucho moverte, te sientes bien pero pesado, en un cuerpo que te cuesta poner en acción. En las tinieblas del futuro eres ligero, vuelas en medio de sombras inquietantes: vives en una verdadera pesadilla pero solamente un despertar brusco te lo hace ver. El miedo te hiela las venas. Necesitas cierto tiempo para volver a poner los pies en el presente. Tienes la sensación de haber sido testigo o autor de un drama del cual sólo te queda un ligero recuerdo.

—¿Y, cómo no confundirse?

—Para elegir entre los dos, debes controlar tu último pensamiento antes de quedarte dormido, pues es una energía de atracción determinante. Lo mismo que por teléfono, debes marcar el número correcto.

Aurélien se sorprende:

—¿Mi pensamiento puede marcar un número falso?

—Sí, te envía hacia el futuro o hacia tu doble. Si le pides a este último que resuelva tus problemas, le atraes, y tus sueños serán maravillosos. Caer en el sueño con un pensamiento que desencadena el futuro es igual de fácil pero no sirve para nada si no es para modificar tus pensamientos, para ocasionarte pesadillas. Cuando te preparas a ver un espectáculo en la televisión, no piensas en nada, no te inventas ninguna historia, esperas una gran sorpresa. ¡Cómo resistirte al sueño cuando lo único que quieres es confiar en tu doble! Sobre todo cuando sabes que este último te va a aportar el mejor futuro en una bandeja de plata.

—Si tengo que pensar en un montón de cosas antes de dormirme, voy a tener los ojos abiertos como platos...

—¡Al contrario! La espera de la gran sorpresa y la certeza de que va a venir, te adormecen. Tu confianza es tal que el insomnio desaparece sin problemas, a menudo, rápidamente.

—Antes de quedarme dormido, pienso en el día siguiente, en la última película que he visto. Me gusta pensar en los dibujos animados que he visto, invento historias y, ya estoy soñando...

—Sí, pero te duermes muy mal, ya que esa entrada en el sueño te arrastra hacia el futuro y las tinieblas se apresuran a darte malas informaciones. Entonces tu cuerpo te avisa, no te sientes bien. Por otro lado, las informaciones de tu doble están adaptadas a la vida que has elegido con él antes de nacer: te sientes bien. Si tu despertar no es agradable, debes de tener cuidado, pues durante el día podrías actualizar futuros demasiado peligrosos, mucho más peligrosos que antes.

—¿Por qué más peligrosos que antes?

—Porque el futuro se ha sentido amenazado por tu intento. Él es el que lo ha hecho infructuoso. Sin embargo, cuando lo consigues, fabricas y actualizas los mejores potenciales, eliminando de esta manera no sólo desórdenes individuales graves sino también catástrofes planetarias de envergadura.

El niño se sobresalta. Le cuesta ver la relación que hay entre su vida y la de toda la tierra.

—Piensas de verdad que si mi madre hubiera suprimido nuestro gran problema –me dice Aurélien escéptico–, no habría habido maremoto en Indonesia?

—Eliminas tus problemas dejando que tu doble cambie tu futuro. Si todo el mundo hiciera eso mismo, todos los dobles arreglarían todos los potenciales y ninguna catástrofe sería actualizada en la tierra. Pero no es el caso. De todas formas, no sirve de nada querer apaciguar el planeta antes de haber arreglado tus propios futuros. Aquél que se equilibra solito, allí en donde se encuentra, equilibra la tierra entera.

—Mi padre dice que un mosquito que escupe sobre un incendio forestal hace su labor, lo mismo que un elefante, aunque no tenga la misma trompa.

—La comparación es tan cierta como bonita.

—Mi madre piensa que tus historias no tienen nada que ver con los mosquitos y que hay que ser un elefante para conseguirlo.

No estoy de acuerdo:

—Un mosquito que reacciona, es mejor que un elefante que huye. Los éxitos incumben a aquéllos que quieren escuchar mis historias.

Aurélien sonríe, indulgente:

—A condición de que puedan entenderlas.

11

LA ENFERMEDAD
ES UN TOQUE DE ALARMA

Este niño me ha herido en mi amor propio:

—Si quieres resolver un problema, escucha con atención lo que explico y "corre" a ver si funciona. Un niño pequeño no sabe leer el modo de empleo de la TV, así que pulsará todos los botones del mando a distancia hasta que consiga que su "tele" funcione. Este candor y confianza del niño son imprescindibles.

Se extraña de mi enfado:

—Un sueño no puede controlarse. Todo el mundo lo sabe.

—Es por eso que debes controlar tu adormecimiento. Dite a ti mismo que no se trata ni de una técnica ni de un modo de empleo, sino de un principio vital que no necesita ser aprendido. Lo utilizas a cada momento para tu supervivencia. Ya ves lo sencillo que es.

Protesta y con asombro en sus ojos me dice:

—¿De verdad piensas que un gran problema puede ser un problema simple? En la escuela, ya te digo yo que no, hasta el profesor nos avisa. Cuando no puedo solucionar un ejercicio es porque es súper difícil.

—¡Cuidado! Simple no significa simplista. Un bebé no es simplista pues vive gracias a este principio vital de desdoblamiento. Sabe lo que debe hacer porque se mantiene en contacto con su doble. Por eso duerme todo el tiempo, o casi todo. Después, desgraciadamente, le enseñamos a vivir mal: "¡Ni lo sueñes!" Es todo lo que sabemos decirle para ponerle los pies sobre la tierra y que vaya por el buen camino. Ésta es, sin embargo, la mejor manera de dejarlo indefenso.

—Acostarse para solucionarlo todo. ¡Parece demasiado fácil!

—Es el único medio de salir de tu cuerpo y propulsarte en el de tu doble que viene al tuyo. De esta manera puedes intercambiar tus pensamientos con los suyos. Basta con contarle tus problemas contándotelos a ti mismo. Tu cuerpo toma conciencia de ello... Graba todo lo que le dices...

Como Aurélien parece sorprendido, añado:

—Te voy a explicar de qué manera... Después de esta grabación especial, te duermes, y cuando tu doble viene a ti, descubre en tu cuerpo lo que has podido o querido contarle.

—Pero no tengo ganas de contarle cada noche lo que me preocupa.

Una mueca se hace visible en su cara. Le tranquilizo:

—Como sabes que vas a tener la solución, eso no debe molestarte en absoluto. Gracias a tu doble, tienes la certeza de que mañana será mejor que hoy. Esta confianza absoluta no puede menos que deshacer tu angustia y ese famoso estrés que te forma un nudo en el estómago. ¿Qué puedes temer? Te duermes a la espera de la solución, sin ningún otro pensamiento. Si el presidente de la república viniera en persona a responder a tus preguntas, le dirías: "¡Espere! Voy a ver si no me he confundido en mis deberes de matemáticas."

Aurélien sonríe bastante satisfecho:

—No son mis deberes los que me preocupan por la noche. ¡Anoche me concentré en mis párpados a la espera de la gran sorpresa y me he despertado al día siguiente! ¡Sabes, que es verdad lo que dices!

—¿Y qué es lo que digo?

—¡Para vivir felices, vivamos acostados!

—Por lo menos es bastante menos peligroso que manifestarte por la calle para resolver tus problemas.

—¿Sabes lo que dice mi padre?

—No.

—Dice que acostarse es muy peligroso puesto que el noventa por ciento de la gente se muere en la cama.

—Y es más peligroso todavía puesto que el sueño es responsable de tu futuro. Ya no podrás decir nunca más eso de: "¡No lo sabía!" No tenías que haberme escuchado pues ahora ya conoces la responsabilidad de tus desgracias.

—Vaya cara que tienes al decirme eso. Yo no quiero tener un gran problema ni ser el gran problema de mi madre.

—¿Y tú qué sabes? Con los futuros que creamos a cada instante, nunca sabemos quién es responsable de quién ni de qué. Sin embargo, lo quieras o no, siempre eres tú el que actualiza el futuro de tu elección. No estás sometido a un hada mala, caprichosa o a un Dios vengador. Eres libre, y lo eres todavía más si es tu doble el que elige para ti la mejor actualización. Déjalo libre para ser verdaderamente libre. "¡Que se haga su voluntad en la tierra, y allí en donde se encuentre en el cielo!" Ése es el único secreto.

12

AYUDAR A LOS DEMÁS
PARA AYUDARSE A SÍ MISMO

—Entonces tu historia sobre el tiempo, es la historia de los curas que a mi padre no le gusta demasiado, por culpa del gran problema. Siempre dice a mi madre que el mal es la prueba de que Dios no existe.

—No existe en nuestro tiempo porque nosotros estamos en sus tinieblas. Pero eso es otra historia. Tu doble no es Dios, es tan sólo una parcela divina que es estrictamente tuya, personal. Sólo que no tengo tiempo de explicarte cómo funciona...

Intento levantarme, pero en vano, se agarra a mí.

—Todavía no sé cómo funciona –suspira–. No has terminado... ¡Por favor, sigue! Te aseguro que no pierdes el tiempo conmigo.

Es difícil resistirse a su petición:

—Lo mejor no es sólo ver que "funciona" sino asegurarte que "funciona". Si tu problema es grande, no hay necesidad de magia. Hay que ir a lo más urgente. Es la ventaja de tener un problema grave. El timbre de alarma no deja de sonar. Te agarras a las ramas –las del doble resisten todo–, puedes tener confianza, no se romperán, pertenecen a un árbol tan viejo como el mundo.

Sumergido en el libro, ya no me escucha. Me pregunto cuál es en verdad el problema de este niño que se ve tan preocupado. No quiero preguntárselo pues solamente el doble necesita saberlo para encontrar el mejor futuro y ayudarle a actualizarlo. Si intento descubrirlo, Aurélien pensará, con razón, que utilizo una técnica, sea cual sea, por lo que necesito saber el cómo y el porqué. Como no es el caso, prefiero no satisfacer lo que sería sólo una curiosidad sin interés.

¿Qué espera exactamente este niño de mí? Levanta la cabeza:

—Si te vas demasiado rápido, mi gran problema quizás no se vaya y tú serás responsable de mí, –me comenta seriamente antes de añadir, inquieto–: "¿Cada vez que pienso en algo, lo fabrico en el futuro?"

—Sí, puesto que das una información la cual es analizada inmediatamente, reforzada y completada. En el futuro, tienen todo el tiempo por delante.

—Yo ya no entiendo nada. Dices que tengo un doble ahí dónde él no tiene tiempo de reflexionar y que yo le fabrico el futuro en la tierra, sobre la cual tengo todo el tiempo. ¿Tengo también un doble allí donde hay todavía más tiempo para reflexionar?

—Allí hay mucha gente, pero desgraciadamente ningún doble. Ya te he dicho que eres tú el que fabrica el futuro de tu doble en tu mundo que para él son tinieblas. Lo puedes hacer siguiendo sus consejos, que para ti parecen venir de un lugar luminoso. Los que fabrican tu futuro son seres que viven en tus tinieblas y que tú iluminas con tus pensamientos.

—¿Quiénes son esos seres?

—Ya te lo he dicho, seres que no son terrestres. Antiguamente se hablaba del espíritu de los muertos, de demonios, hoy en día se habla de extraterrestres. Las palabras cambian pero la ley se queda. Si no hubiera nadie para fabricar tu futuro, no podrías actualizar nada en tu presente y te morirías.

El niño se extraña, se queda atónito.

—¡Oye! Es sumamente peligroso pensar en algo. Si no pienso en nada, ¿no hacen nada?

—Sí, pero te mueres, porque nadie te fabrica posibilidades futuras. Lo peor es pensar cosas falsas pues creas inmediatamente las verdaderas consecuencias de lo que es falso. La palabra es más peligrosa todavía puesto que puede modificar el potencial de la persona que escucha.

—Entonces, tú eres todo un peligro... –me mira y se echa a reír antes de volver a la carga con aire inquieto–: Quisiera saber si mi cuerpo guarda mis ideas en cada una de sus células.

—¡Claro! Eso le permite modificar sus instintos, a veces perjudicándote.

—¿Guarda también las ideas de los demás?

—Guarda todo lo que percibe aunque tú lo ignores. Es de esta manera que cada uno modifica su futuro y el potencial de todo el mundo. Es pues necesario que tu doble borre los futuros peligrosos aprovechando tus sueños.

—Si todo el mundo pensara cosas agradables, habría solo futuros agradables ¿no?

—¡Exactamente! Y actualizando los mejores, podríamos incluso alejar los graves peligros planetarios. Ya no más temblores de tierra destructores, no más ciclones devastadores, no más *tsunamis* mortales, todo el mundo se beneficiaría de ello, nosotros los primeros. Ya ves que con el control del futuro nuestra meta es muy egoísta.

—Ayudar a los demás por egoísmo, ¡eso es nuevo! –exclama Aurélien–. Pero no veo la relación entre mi problema y el *tsunami* que mató a tantas personas en Indonesia.

—Los potenciales de un lugar pueden ser muy peligrosos. Indonesia y Sri Lanka han vivido guerras fratricidas horribles. Malasia atrae a los extranjeros de manera perniciosa.

—Mi padre dice que allí se venden los niños a los turistas, que existe un mercado así. ¿Cuánto cuesta un kilo de niño?

Esta pregunta me sorprende tanto que lo miro sin responder. Él continúa:

—Mi padre no lo sabe, y como no lo sabe, dice que hago preguntas tontas.

—Vender a un niño haría desgraciados a los padres que no quisieran que su hijo fuera desgraciado. Si lo venden, ¿cómo quieres que del bien pueda salir el mal? Fabricando el mal sólo puedes cosechar el mal.

—¡Mi madre no permitiría que mi padre me vendiera! Y cuando mi madre no quiere algo, mi padre no insiste.

—No basta con no hacer el mal. Fabricar buenos potenciales permite a tu entorno poder actualizarlos. Podemos evitar catástrofes de esta manera.

—Hay muchísimos niños que han muerto. Sin embargo, ellos no son responsables de las guerras ni de los mercados de niños para turistas ¿no?

—Cada hombre ha podido fabricar potenciales muy peligrosos antes de nacer en la tierra. Hace veinticinco mil años que estamos desdoblados en el mismo espacio. Si pudiera, te explicaría cómo funciona el ciclo de desdoblamiento de los tiempos en nuestro sistema solar.

—Sí, pero no tienes tiempo –exclama el niño con aire triste y pillín, y, viendo mi mirada, añade– ¡no te preocupes! Tú sabes que estás loco, pero me gusta tu locura porque me tranquiliza.

¡Cómo no sentirse conmovido!

—Tranquilizar no basta, hay que actuar pues sin esta modificación de nuestros potenciales, la supervivencia en nuestro mundo será dificultosa por no decir casi imposible, dentro de poco tiempo. Vivimos sin saberlo, con el peso de un montón de futuros colectivos excesivamente peligrosos. Todos los indicadores climáticos, magnéticos, térmicos, tectónicos, planetarios, solares, galácticos están al rojo vivo. Paradójicamente, no nos preocupan en absoluto.

—Es normal, ya nadie sabe por qué hay que "consultarlo con la almohada".

—¡Ni por qué nos despertamos con muchísimas intuiciones!

—Si sueño como tú me dices, ¿piensas que yo también tendré intuiciones?

13

LAS INTUICIONES

Sigo dialogando con este niño, sentado cómodamente en su sillón, el libro sobre sus rodillas. Su confianza, su interés verdadero y su curiosidad me llevan cada vez más lejos en mis explicaciones:

—En cuanto empiezas a hacerte un principio de pregunta, la respuesta ya se conoce en el futuro en donde se hacen de nuevo otras preguntas, desencadenando respuestas en su propio futuro, es decir en el futuro de tu futuro.

Aurélien frunce el ceño:

—¿Qué quieres decir?

—La ley del tiempo es la misma en todos los sitios. El futuro es una realidad fuertemente acelerada pero que posee también aperturas temporales imperceptibles donde el tiempo se acelera de nuevo.

—¿Vivirían pues seres como nosotros en el futuro, de forma acelerada, teniendo su propio futuro, en donde vivirían otros seres como nosotros?

—Digamos más bien seres adaptados al entorno que nos imaginamos y que intentan crear, en función de nuestros pensamientos. El futuro es una obligación ¡No puedes vivir sin él! Es la razón que incita a esos seres a atraernos hacia su futuro después de nuestra muerte. Para vivir y sobrevivir, una realidad como la nuestra siempre necesita un futuro potencial que ella actualiza según sus necesidades y sus ganas. ¡Así funciona la intuición! Gracias a la aceleración fulminante del tiempo en el futuro, puedo obtener la respuesta a una pregunta que todavía no he tenido tiempo de formularme. Es tan rápido que me da la sensación de recibir una información que me cae del cielo.

—¿Quieres decir que siempre soy yo el autor de mis intuiciones?

—Sí, pero sin poder saberlo, puesto que en mi tiempo, ni siquiera he terminado de formular mi pregunta. Una intuición es una proeza solamente para el que ignora la realidad de los intercambios de información entre diferentes tiempos. El mundo animal posee ese "sexto sentido". Premoniciones instintivas le permiten sobrevivir a cada instante. Utiliza su mejor potencial porque no reflexiona. El hombre moderno ha olvidado totalmente esa posibilidad porque piensa que la inteligencia es preferible al instinto. Ya no sabe escuchar su cuerpo.

—Entonces ¡dime! ¿Sería el presente siempre el resultado de un futuro que tu cuerpo utiliza?

—¡Ese futuro ya ha sido creado por el pasado! Si tu adormecimiento es bueno, tu doble puede transformarlo lo mejor posible antes de que puedas vivirlo.

—¿O sea que sólo somos una máquina para fabricar, arreglar, controlar y actualizar el futuro? —comenta Aurélien a modo de triste conclusión.

—Sí, pero todo es posible mientras busques la meta que te has fijado con tu doble, antes de nacer.

—¿Piensas que es fácil tener una meta? Hasta ayer, ni siquiera sabía que tenía un doble. Quería ser bombero, pues bien, hoy, sigo teniendo ganas de ser bombero. ¿Tú piensas de verdad que mi doble quiere que yo sea bombero?

—No te preocupes, todo llega a su debido tiempo. Si escuchas bien sus informaciones, asegurándote que son las suyas, lo sabrás pronto.

—¿Cómo estar seguro? Porque a veces no tengo ninguna gana de ser bombero.

—Sus consejos siempre te llenan de una intensa alegría. En la antigüedad, los griegos hablaban de "teoforia" la alegría que viene de Dios. Este criterio personal que tu cuerpo siente en cada una de sus células no te engañará nunca. Es una felicidad "instintiva", y las intuiciones que recibes al mismo tiempo son siempre las mejores.

También puedes memorizar las situaciones desagradables del futuro, para evitarlas, ¡pero cuidado! esta memorización puede conllevar un estrés si ves en ella una realidad inevitable, una predestinación que ya te está perturbando.

—Mi padre dice que no podemos evitar lo inevitable. Es el destino.

—Aparte de la muerte, que es la suerte de todo ser humano en esta tierra, no hay ni destino, ni karma, ni predestinación. Tampoco hay casualidad, todo está escrito con antelación puesto que tu futuro está a tu disposición a cada instante, pero eres tú el que lo elige antes de actualizarlo.

—¿Cómo?

—El futuro siempre ha sido fabricado por alguien antes de que tú lo actualices. Tú eliges esta actualización porque piensas como él.

—¡Pero eso es una tontería!

—Un pensamiento feliz de un cuarto de milésima de segundo basta para crear felicidad en el futuro. Un pensamiento parecido puede permitirte actualizar esa felicidad potencial. Sin embargo, hace falta que tu cuerpo sea capaz de soportarla.

—No lo puedo saber con antelación –protesta Aurélien inquieto–. Para que yo viva un futuro sin problemas, haría falta que nadie fabricara futuros detestables.

—Sobre todo haría falta que empezaras por no fabricar tú mismo el mínimo futuro detestable.

—Entonces, ¿soy yo responsable de aquél que actualiza en su vida los futuros que yo creo?

—Tan sólo co-responsable! Ya te lo he dicho. La actualización no depende de ti. Cualquiera puede hacerlo, basta con que piense lo mismo que tú.

El niño adquiere un aire grave. Se da cuenta de repente de las consecuencias de cada uno de sus pensamientos secretos:

—¡Pero es tremendo!¡Comparto una gran "responsabilidad"!

—¡Grande o sensacional! Todo depende de tus pensamientos que pueden ser terribles o sensacionales.

UN SOLO CONSEJO ÚTIL:
NUNCA PENSAR EN HACER AL PRÓJIMO LO QUE NO TE GUSTARÍA QUE ÉL PENSARA EN HACERTE EN TI.

—¿Cómo arreglárnoslas para evitar lo terrible y conservar lo sensacional?

—Se nos dio un consejo hace muchísimo tiempo...

—¡Un consejo! Nadie puede dar un consejo cuando todo el mundo ignora tus historias.

—Todo el mundo conoce ese consejo porque mis historias, como tú dices, eran bien conocidas antiguamente pero, actualmente nadie ve su utilidad.

—Dime pues, ¿cuál es ese famoso consejo fundamental?

—Nunca pensar en hacer al prójimo lo que no te gustaría que él pensara en hacerte a ti.

Aurélien suspira decepcionado.

—¡No hagas a los demás lo que no te gustaría que te hicieran a ti –repite– es conocido, súper conocido! Todos los cristianos lo repiten una y otra vez, pero eso no cambia nada en el exterior.

—¡Porque "no hacer" es un consejo insuficiente! La única precaución válida y fundamental es "no pensar en hacer". Es muy diferente. Todo el mundo sabe lo que haces, pero nadie sabe lo que piensas hacer. Algunas personas te hacen bonitos regalos cuando, sin embargo, sólo piensan en ponerte la zancadilla. Antiguamente se trataba a esas personas de "sepulcros blanqueados". Bonita expresión: ¡bonito en el exterior, carroña apestosa en el interior!

—De todas formas, tu famoso consejo fundamental no basta, porque, sin saberlo, puedo pensar en cosas buenas que crean en el futuro cosas malas para los demás.

—De ahí la necesidad del doble quien cada noche debe borrar los potenciales peligrosos creados durante el día, antes de que alguien pueda actualizarlos –mi pequeño interlocutor me mira fijamente, inquieto, pero al parecer momentáneamente satisfecho con mis respuestas. Entonces añado–: además, vuelves a encontrar los pensamientos de tu doble que son los tuyos y que corresponden a tu cuerpo. Nuestras células se sienten bien. Aquéllas que se sienten inútiles o peligrosas se matan a sí mismas para no perturbar a las demás.

—¿Se suicidan? —pregunta el niño sorprendido y a la vez divertido.

—Si les prohíbes suicidarse, pueden desarrollarse de manera arcaica y hacerte morir.

—¿Cómo quieres que yo les impida suicidarse?

—Cuando tu pensamiento ya no está adaptado a tu cuerpo, tus células ya no saben si son útiles o no. Su suicidio o su supervivencia se vuelven entonces un problema. ¡Ahora bien, esa adaptación es sólo posible con tu doble… y con la condición de que le permitas ir a visitar tu futuro durante tu sueño! Entonces, ninguna de tus células sobrevivirá o se morirá sin haber servido para algo.

15

LA MEZCLA DEL
PASADO Y DEL FUTURO

Este niño, muy maduro para su edad, sigue adelante:

—¡Células que se suicidan! Es genial, pero no demasiado científico.

—La palabra científica es: apoptosis.

—Hay algunas que nos pueden matar ¿no? Mi profesor de música tiene cáncer. ¿Le ocurre eso porque se le va la cabeza? ¡Quizás sus células cancerígenas tienen, como él, mala memoria!

—¿Y si esas células peligrosas estuvieran buscando un potencial inadaptado a su forma de vida, fabricadas en el futuro por sus pensamientos desajustados? Una información que tenga que ver con su inutilidad en nuestro tiempo y en nuestro mundo debería volverles a dar ganas de desaparecer. Y el sueño es justamente la fuente natural de esas informaciones saludables. Como el sueño nos hace viajar fuera del tiempo, necesitamos conocer el código de la circulación, del pasado y del futuro para estar siempre seguros de vivir bien en el presente.

Inclinado sobre el libro[7], poniendo el dedo índice sobre sus labios a modo de "silencio", Aurélien prosigue:

—¡Escucha lo que está escrito en tu libro! "Un enfermo en estado grave..., un cáncer le *arrastra* a la tumba..., oclusión intestinal.... Una vez abierto el vientre, el cirujano pudo constatar la desaparición del tumor." ¿Qué quieres probar con esta historia de curación? ¿Te haces publicidad?

---

[7] "Cambia tu futuro por las aperturas temporales"

Esta pregunta me irrita:

—Quiero solamente mostrar la fragilidad de una persona enferma, quien, dudando de la fuerza de su doble y quizás también de la utilidad de su médico, corre el riesgo de una recaída. ¿Por qué quieres que me haga propaganda? La mejor publicidad es la que tú haces cambiando tu futuro. Fabricas de esta manera un buen potencial ahí donde antes fabricabas uno malo, y todos aquéllos que lo utilizan se encuentran cada vez mejor.

—Si digo lo que digo –exclama Aurélien que siente mi irritación–, es porque lo dice mi padre, pero no se atreve a decírtelo a ti. Me gustaría poder decirle a mi padre que tu libro puede, en verdad, cambiar nuestro futuro. ¡Que no es publicidad! Que si entiendo, puedo alejar de mí mi gran problema que no tiene nada que ver con las enfermedades. Eso es todo.

Siento que está al borde del llanto, y eso me hace sentir mal. Sigo:

—En ese libro hemos dado ejemplos para mostrar que es posible ponerse bien. Como sé que nos cuesta admitir que recobrar el equilibrio puede restablecer un cuerpo agotado por una larga enfermedad, intento probar que no hay milagros. Lo que se arregla con el tiempo en el futuro, puede aparecer instantáneamente en el presente. Sin embargo, tenemos que intentar arreglar el futuro antes de que éste nos moleste.

—¡He entendido todo eso! –suspira Aurélien–. Hasta he entendido que nuestro doble vive en un pasado que es tan presente como nuestro presente porque espera ver cada noche el futuro que yo le fabrico y que es tan presente como nuestro presente –orgulloso de su comentario, prosigue–. Sin embargo, si él piensa antes que yo para influenciarme, también vive después, puesto que actualiza lo que yo le fabrico. Esto le cambia las ideas, él me hace otras preguntas y yo le fabrico otras soluciones. Conclusión: vivimos al mismo tiempo –sigue añadiendo, contento de sí mismo y tranquilizado–. ¿Sabes que tú y tu rollo sois complicados? No me extraña que ni mi padre ni mi madre entiendan nada. ¡Nadie conoce esa historia sobre el tiempo!

—Es por eso que el porvenir que construimos en esta tierra quizá no tenga nada que ver con el que habíamos decidido juntos, nuestro doble y nosotros, antes de separarnos en el momento del desdoblamiento.

El niño está absorto en lo que busca y que ahora lee en voz alta:

—El futuro está tan presente como el pasado... Todos los niños de pecho lo saben...

Me mira con ojos burlones:

—¿Los niños de pecho saben más cosas que nosotros? ¡Apuestas fuerte!

—¡Claro! Sin embargo, sus problemas son diferentes. Deben adaptarse a nuestro tiempo y espacio. Para ti, la adaptación es diferente y puedes utilizar el sueño paradoxal para intentar deshacerte de una enfermedad, conservar un amor, hacer que una preocupación desaparezca o encontrar dinero. Sin embargo, es insuficiente. Para poner orden en el desorden, debes al mismo tiempo cambiar tu forma de vivir y de pensar.

Sin que parezca escuchar, Aurélien sigue con la lectura que he interrumpido y añade:

—También dices que el futuro existe antes que el presente, y que nuestro doble puede arreglarlo. El futuro es una cosa, pero ¿qué haces con el presente? Nuestro doble debería guiarnos todo el tiempo, sobre todo cuando tenemos mucho miedo. Pero, ¿por qué nos deja de lado en cuanto tenemos miedo?

—Porque solamente te ayuda si se lo pides y si tu confianza en él le deja libertad de movimiento. Es una ley que te protege, si no, estarías siempre obligado a obedecerle. Te volverías su marioneta y él conocería siempre con antelación el futuro que le fabricas. Le predestinarías y él se aburriría. Vivir y revivir lo mismo una y otra vez no es nada emocionante.

—Entonces, con el futuro es lo mismo. Aquéllos que lo fabrican no están obligados a obedecerme. Hacen lo que quieren en la oscuridad, y acaso piensan que les abandono.

—¡Exactamente! Pero, también pueden desinformarte, cambiar tus pensamientos y alejarte de las preocupaciones de tu doble. Solo él, debido a sus preguntas y a tus respuestas apropiadas, asegura tu supervivencia después de tu muerte. Los otros te atraen en tus sueños para cambiar tus pensamientos y transformarte en una marioneta. Saben también borrar de tu memoria los malos recuerdos que te empujarían a huir de ellos, sustituyéndolos por imágenes tan agradables como engañosas. Saben esconder tus pesadillas bajo tres buenas capas de sueños maravillosos.

—¡Son geniales! Es por eso que dices que los sueños son necesarios pero su recuerdo peligroso. ¡Capito!

—Las informaciones de tu doble nunca te confunden, son siempre saludables, muy concisas, van a lo esencial y nunca hablan mal de nadie.

—Eso lo entiendo, pero ¿por qué es inútil memorizar nuestros sueños?

—Sus recuerdos pueden arrastrarnos a nuevas pesadillas. No han sido concebidos para curar los desequilibrios sino para evitarlos.

Con tono grave, subraya:

—Mi padre dice que la vida en la tierra es una enfermedad mortal sexualmente transmisible.

Añado, riendo:

—¡No es el único que dice eso! Es una manera de darse cuenta de que nuestros problemas a menudo no encuentran solución.

16

UN POCO
DE PUBLICIDAD

Mis explicaciones no cansan a éste que ya considero, "joven hombre", más que niño. No pierde una e intenta, cueste lo que cueste, entender en su cabecita todo lo que le enseño:

—Yo en tu lugar –dice– si hay que hacer publicidad, la haría sólo para mostrar que tu historia puede aplicarse a cualquier cosa, para cualquiera...

—¡Escucha, es importante! Mis historias, como tú dices, te permiten buscar con tu doble un equilibrio personal, de volver a poner sobre ruedas, tanto una mente desequilibrada, un amor cuesta abajo, un parado fracasado o una cuenta bancaria desastrosa.

—¡Claro! Somos totalmente responsables de nuestra felicidad y de nuestra infelicidad. ¡No debemos quejarnos, debemos solamente cambiar nuestro futuro! ¡Das un montón de ejemplos desgarradores en tu libro! Me gusta mucho el de la madrastra desorientada con esos niños horribles. Como dice mi madre, le arrancas lágrimas a un cocodrilo.

—¿A qué ejemplo te refieres?

—A la mujer cuyo marido se suicidó cuando se enteró que tenía cáncer, y los hijos de éste que no querían indemnizarla... ya sabes... una semana después, los hijos le entregan un cheque.

—¡Sí, ya me acuerdo! No se lo creía: bastaron diez días para encontrar una solución a ocho meses de procedimientos ruinosos y preocupaciones inútiles. También pudo ir dejando, poco a poco, los calmantes. Gracias a esta mujer súper deprimida, descubrí que la dependencia al tabaco, alcohol o drogas también puede ser anulada. Otros participantes a mis cursos me lo han confirmado posteriormente.

—¡Hay que darlo a conocer!

—Esto funciona perfectamente si las personas "dependientes" son poco numerosas, y se encuentran aisladas en un grupo bastante grande que les aporta un potencial diferente.

—¿Qué quieres decir?

—Si juntas a personas con el mismo desequilibrio, refuerzas su problema dándoles a menudo un potencial demasiado pesado de digerir.

—Cuenta lo de esa mujer de 40 años que se aburre en Florencia, sola, sin marido, sin hijos y sin amigos, que se vuelve a encontrar con su novio de hace veinte años –viendo mi falta de memoria, añade–. "Ya sabes, es la historia del canadiense que encuentra su vieja agenda, que se le cae y se abre en la página del teléfono de su novia de juventud a la cuál acaban de dejar plantada." ¡Es demasiado!

En efecto, imaginamos la sorpresa de esa mujer al escuchar la voz de su antiguo amor.

—No hace falta hablar del final de la historia, la adivinamos. Deberías, sin embargo, decir que no es tan fácil para todo el mundo. Por ejemplo, mi madre y yo no conseguimos salir a flote...

—Y te hundes porque te pones límites. Sabes que puedes saltar un obstáculo de un metro de altura, y no intentas poner la barra más alta. En casi todos los casos somos los únicos responsables de nuestros fracasos. ¿Has leído la historia de esa señora con esclerosis en placa?

—¿Qué es eso de "skle-rosis" en placa?

—Es una enfermedad grave.

—Las personas van a decirte: "Es demasiado bonito, ni lo sueñes!" –dice el niño– y tú les responderás: "No, es el control de tus sueños lo que te permite salir de una situación desagradable o detestable, ¡así de fácil!" Rápidamente, sin darle tiempo a reponerse, les hablarás de ese hombre que tenía una deuda importante... Jugaba a la lotería como loco, y su banquero le regaló su deuda. ¡Estupendo! ¿No?

—Sí, pero hay que tener cuidado, pues es peligroso dar ejemplos, las personas pueden pensar que pueden obtener resultados igual de espectaculares, y el futuro les probará que tienen razón y...

El niño me interrumpe:

—Sí, pero me has dicho que lo importante es decir lo que las personas pueden hacer aunque luego no hagan nada. ¡Sigamos! A mí me gusta cuando hablas de esa mujer que lo había perdido todo: salud, equilibrio, trabajo, apartamento, coche, dinero, novio y que sale adelante gracias a su doble.

Mientras hablábamos me doy cuenta que ha utilizado "marca páginas" en su libro, demostrándome de esta manera que lo ha leído entero, concienzudamente. Encuentra el ejemplo, y sigue.

—Estaba tan deprimida que había decidido suicidarse. Tras pasar una buena noche con su doble, enciende la tele para ver su serie favorita, se confunde de cadena y oye: "El suicidio nunca es una solución." ¡Genial! ¡Sólo que cualquiera podía haberle dicho lo mismo!

—Aunque parezca extraño, era la respuesta correcta. En lo más profundo de su interior ella lo sabía y nadie le hubiera podido decir lo mismo con la misma fuerza. Gracias a esta nueva certeza y confianza personal, su vida cambió totalmente. Ya ves que tenemos que observar las señales que recibimos, y no creer en la casualidad. El libro tiene muchos ejemplos para mostrar que cambiar nuestro futuro está al alcance de todo el mundo.

—Me gusta el del cabo chileno que desaparece cinco minutos en el cielo. Cuando regresa tiene una barba de cinco días. ¡Qué locura!

—Eso nos demuestra que tenemos otro tiempo en nuestro tiempo y que las controversias son inútiles.

—¿Qué significa "controversias?"

—Significa que no vale la pena dudar.

—Más vale decirlo así. ¡Qué complicado eres! —añade echándose a reír.

17

CUERPO FÍSICO Y CUERPO ENERGÉTICO

El niño se pone serio de nuevo:

—Hay una cosa que no he entendido bien. Dices que durante el sueño, me voy "a otro lugar", a súper velocidad, como el rayo. Sin embargo, yo sé que me quedo en mi cama.

—Sabes, además de tu cuerpo físico tienes un cuerpo energético, algunas personas lo llaman cuerpo astral o etérico. Este cuerpo se desplaza muy rápidamente y vuelve a yuxtaponerse a nuestro cuerpo físico en un tiempo imperceptible. Además, el agua de nuestro cuerpo guarda y transmite las informaciones vitales recogidas durante esos viajes, para permitirnos seguir viviendo.

Los que ponen en tela de juicio la homeopatía deberían tomar conciencia de esta realidad universal: es imposible vivir sin agua y sin espíritu, decían tanto Jesús cómo Mahoma[8].

—¿Sabes que cuando nacemos estamos formados por un 65% de agua y que cuando envejecemos nos queda sólo un 55%? El feto que necesita muchísima información para su supervivencia, está formado por un 96% de agua.

Aurélien me mira con ojos abiertos como platos, desconcertado:

—¿En dónde ves tú agua en nuestro cuerpo? Somos sólidos, no líquidos.

---

[8] Ver los textos sagrados.

—Nuestro organismo es una esponja llena de agua, almacenada bajo formas diferentes. Es un laboratorio donde se efectúan reacciones químicas a partir del agua. Nuestro cuerpo energético informa al agua de nuestro cuerpo físico. Es una pena que la ciencia no se preocupe de esta parte fundamental de nuestro organismo, pues es nuestro lado ondulatorio el que nos permite emitir y captar las informaciones. Es él el que hace vivir a nuestro cuerpo físico. Perfectamente observable, éste no es más que nuestro lado corpuscular. Antiguamente, de manera más realista, la palabra "polvo" lo describía mejor que la física actual.

—Cuando mi abuelo cogía setas, siempre les decía: "¡Tú eres polvo y en polvo te convertirás, pero mientras tanto pasarás a la cazuela de la abuela!" –su risa da gusto oír– ¿Nuestro doble está también hecho de polvo?

—Como nosotros, él posee un cuerpo físico y un cuerpo energético, pues en el universo todo es a la vez ondulatorio y corpuscular. Su rol es el de encontrar la mejor solución de adaptación a cada lugar adonde quiere ir. El cuerpo físico se ve obligado a vivir en nuestro espacio mientras que el cuerpo energético tiene como cometido recibir las informaciones que le ayuden a vivir. Podemos intercambiar nuestro cuerpo energético con el de nuestro doble, para entender nuestras situaciones respectivas e intentar vivir mejor a dos, cada uno en su mundo y en su tiempo.

—¿Qué ocurre cuando mi cuerpo energético viaja?

—Sale de tu cuerpo físico, nada más. Algunas personas lo llaman "desdoblamiento." Los más realistas y los que más están acostumbrados a esta clase de fenómenos, que ellos denominan "normales" son los tibetanos[9]. Ellos lo denominan "la pequeña muerte."

—¿Por qué pequeña?

—Sin cuerpo energético, el cuerpo físico muere. Pero si todo va bien, el cuerpo energético de nuestro doble viene a nosotros y nuestro cuerpo revive.

—Y, ¿dónde se encuentra nuestro cuerpo energético?

—Nuestro cuerpo energético mantiene con vida el cuerpo físico de nuestro doble. De esta manera volvemos a encontrar nuestras preguntas, mientras que nuestro doble toma conciencia de nuestras respuestas y de nuestras interrogaciones.

---

[9] Ver el libro tibetano de los muertos.

—Pero, ¿cómo quieres utilizar un cuerpo energético que no ves?

—Para ver la televisión, no necesitas saber que está transmitiendo el sonido y la imagen por ondas invisibles que varían según su frecuencia. Si tiras una piedra al agua verás el desplazamiento de una onda circular, es la onda de la piedra. Cuanto más grande sea la piedra, más grande será la onda. De esta manera la piedra puede decir al pescador: "¡Mira lo grande que soy, mira cómo se mueve tu barca!" Así pues, una onda se puede desplazar y aportar una información por la estela que deja. No ves el navío a lo lejos, pero sobre la balsa de aceite en la que navega tu barca, una ola inmensa viene a despertarte. Las ondas se cruzan a veces deformando la información inicial. Tu barca puede recibir al mismo tiempo la pequeña onda de la piedra y la ola del navío... Te cuesta creer en la existencia de la piedra, y sin embargo, sin ella, la ola no habría sido la misma.

—¿Sería, pues, de esta manera –pregunta Aurélien– que la ola de un *tsunami* te indica que ha habido un temblor de tierra bajo el agua?

—Es una onda muy rápida. Sin embargo cuando son pequeñas, pueden añadir sus efectos y conllevar catástrofes importantes. Cuando atas una cuerda a un punto y agitas el otro lado, creas ondulaciones que varían según tus deseos. Una piedra en el agua también crea ondas. Es importante entender las vibraciones emitidas por nuestro cuerpo, pues éste es como una piedra en nuestro mundo y una onda en el otro, donde solamente aparece la información que transporta.

—¿Querría esto decir, que en mis sueños, con mi cuerpo energético, allí donde voy, no aparezco tal y como soy?

—La percepción varía de un mundo a otro. El pájaro sobre su rama ve la onda de una pequeña mosca sobre la superficie tranquila del lago. Adivina un cuerpo imperceptible debido a un efecto ondulatorio. Sabe perfectamente, que tiene delante de él un buen desayuno consistente. En su mundo, la pequeña mosca puede captar los pensamientos ondulatorios del pájaro y el peligro que se cierne sobre él, por lo que intentará camuflarse.

—¿Es pues peligroso cambiar de mundo?

—Es por esto que debemos saber dirigir nuestro cuerpo energético durante nuestros sueños e ir al cuerpo físico de nuestro doble quien aprovechará para ir a ver el futuro en nuestro lugar. Es él el que se encargará de apartar los peligros. Es muy importante que conozca bien tus problemas. Antes de quedarte dormido, debes pues, informar al agua de tu cuerpo como si se tratara de una grabadora. Le cuentas todo lo que te parezca útil. Cuando te pierdes en una gran ciudad, pides consejo a alguien a tu alrededor, y no te quedas mirándole a los ojos sin decir palabra.

—¡No soy tonto! —exclama el joven.

—¿Te crees más inteligente cuando te duermes sin informarle a tu doble? Cuando viene a ti debe poder entender los pensamientos que tu cuerpo ha grabado. No te puede conocer si le escondes una parte tuya. Sólo te puede ayudar si lo sabe todo de ti, si no, podría arrastrarte, por ignorancia, hacia graves peligros. Como no quiere eso, deja de aconsejarte, y vives en el azar más completo.

—¿Quieres decir que mi doble me abandona si no le digo nada?

—En caso de peligro mortal tu doble siempre estará ahí. Necesita de ti para poder arreglar tu futuro a su manera. Él es el que mejor sabe que la casualidad no existe. Él sabe que tu presente es la actualización de un futuro potencial ya vivido más rápidamente en otro lugar. Tu cuerpo está hecho así. Para sobrevivir, recoge del futuro las informaciones que puede captar en su presente.

—Entonces, ¡debo obedecer al futuro! Esto significa que papá tiene razón cuando dice que si hago cosas malas, tengo que pagar los platos rotos, que es mi destino.

—¡A menos que repares los platos rotos en el futuro antes de tener la necesidad de utilizarlos en el presente! Tu actualización instintiva es siempre personal, es tu casualidad aparente que sólo depende de ti y de tus proyectos. Pensar en un porvenir la hace vivir, pensar que es imposible, la suprime. Si piensas que Dios tiene una larga barba y grandes orejas, entonces, más adelante, siempre podrás probarte que tu creencia es digna de fe porque actualizarás un futuro potencial, que tu fe –o la fe de las personas a tu alrededor– habrá creado en el pasado.

—¿Significa esto que la videncia me permite ver lo que yo quiero ver y no lo que existe en realidad? —concluye el niño que me llena de preguntas, probablemente para retrasar mi marcha.

—¡Lo has entendido bien! La videncia es muy peligrosa. La persona que consigue ver posibilidades futuras, a menudo piensa que este futuro es ineludible, obligatorio. Se siente orgulloso de predecir un hecho que luego se realiza. Lo que ocurre en realidad, es que desconoce que es él el "actualizador" de ese futuro. Sin él, probablemente ese potencial se habría quedado en las tinieblas. Debería ver los futuros peligrosos con

el único fin de evitarlos. El buen vidente es aquél que predice aconteci-
mientos graves que nunca ocurren.

Aurélien se encoge de hombros:

—En ese caso nadie iría a verlo, ver un futuro peligroso que nunca
ocurre es demasiado fácil.

—Es por eso que el hombre a quién se le ha predicho un accidente,
se encuentra felizmente hospitalizado y clama a sus amigos: "¡Id a ver a
ese vidente, es magnífico! Me predijo que viviría un infierno tras un grave
accidente de moto. No le creí y ni siquiera tenía moto ya que siempre
me desplazo en coche. Pues bien, fue una moto la que tiró el andamio
sobre el que estaba trabajando." Este hombre se siente satisfecho y se lo
cuenta a todo el mundo.

—Es normal, él no ha leído tu libro —exclama Aurélien con aire de
burla.

Su comentario me hace sonreír interiormente:

—Pero debería saber que siempre puedes fabricar un futuro para
borrar otro. Modificas tus pensamientos, tus ganas, tus deseos, y cambias
tu porvenir. Si además, permites a tu doble arreglar tu futuro cada
noche, cada mañana estarán a tu disposición multitud de potenciales
agradables.

—¿Es verdad lo que escribes, o sólo lo escribes porque piensas que
es verdad?

Entiendo lo que me quiere decir. ¡En efecto son muchas las personas
que se preguntan cómo puede ser que una teoría científica lleve a tales
certezas!

—Una persona con la cabeza sobre sus hombros, que te llama por
teléfono, no se hace preguntas tontas como: ¿el teléfono funciona porque
creo en ello? Tan sólo utiliza el aparato. Con tu doble, deberías hacer lo
mismo. Primero llamas, luego escuchas a quien te habla e intentas reconocer su voz para no caer en la trampa. Hay muchos gamberros en el futuro que utilizan este modo de comunicación para hacerte dar tumbos.

—¡Hay gamberros en todos los sitios! –puntualiza Aurélien, quien
viendo que me levanto retoma su lectura silenciosa, pues estoy decidido
a irme–. No te vas a ir sin explicarme cómo deshacerme de los gamberros
utilizando los intercambios de comunicación con mi doble. ¡Me interesa
muchísimo! Comentas que sabíamos hacerlo en nuestro nacimiento porque vivíamos con la despreocupación del niño que no ve nada paranormal a su alrededor. ¿Y te quieres ir dejándome en lo paranormal?

—¡Tú sí que eres un fenómeno paranormal! ¿Cómo resistirse sin correr el riesgo de un *tsunami* en el futuro?

Una curiosidad tan grande en un hombrecito tan pequeño, no dejaba de extrañarme sobremanera. Sus preguntas sencillas y sus comentarios sensatos me empujaban a considerar un deber el satisfacerle. Se me hacía una obligación el poner en su cabecita respuestas cortas y precisas a todas sus preguntas. Este jovencito me seguía sorprendiendo, tanto por su vivacidad como por su manera de analizar el mínimo detalle.

18

LOS PELIGROS
DEL INTELECTUALISMO
Y DEL RACIONALISMO IRRACIONAL

De repente, el semblante del niño queda como petrificado:

—Lo cortas todo –dice dándose la vuelta–, por fin estaba consiguiendo saber lo más importante.

Su padre acaba de entrar en la habitación donde nos encontramos. Muy seguro de sí mismo, y con aire decidido, me estrecha firmemente la mano al tiempo que me pide que continúe y no me preocupe por él.

En esa fracción de segundo, creo adivinar en él el tipo mismo del "intelectual superior". Es el nombre favorito que damos a la persona que nunca utilizará un aparato antes de haberlo desmontado, entendido y vuelto a montar. Por lo general, este *homo sapiens habilissimus*" planea por encima de los falsos problemas, a la búsqueda de soluciones que no existen. Consiente en escuchar a los demás sólo cuando tiene un problema verdaderamente grave. Los más intelectuales y los más superiores no pueden evitar el disecarlo todo, dando la sensación de querer la mantequilla, el dinero de la mantequilla, y a veces, su proceso de fabricación. Su marca de reconocimiento es a menudo una ignorancia que esconden bajo una intolerancia hacia aquéllos que pudieran descubrirlo.

Este hombre, ciertamente cortés, deja entrever, una cierta hostilidad hacia mí. Me preparo pues a pasar un examen, pero con una ventaja sobre él: puedo irme cuando quiera, lamentando, sin embargo, dejar a su hijo con la miel en los labios. Como este niño me ha tocado las fibras interiores, una marcha precipitada me apenaría profundamente.

Se acaba de sentar y ya se dirige a mí muy directamente:

—En tu libro: *"Cambia tu futuro"*, dices en la página sesenta y seis que "somos los únicos responsables de nuestras desgracias y de nuestras alegrías".

No dejo entrever la profunda molestia que me invade:

—Si has leído las páginas anteriores, sabrás que creamos un potencial peligroso: para entender convenientemente el peligro del futuro, digamos que fabricamos un 2.000 voltios cuando estamos hechos para un 220. ¿Por qué nos extrañamos pues de recibir descargas dolorosas utilizando el único potencial disponible para sobrevivir?

—No estoy en contra de esta idea que ya has expresado a Aurélien, después de todo, nuestros aparatos eléctricos funcionan gracias a un potencial fabricado en centrales eléctricas. ¡No tenemos ninguna necesidad de saber cómo funcionan esas empresas para poder conectar nuestra máquina de afeitar o la de hervir agua! ¿Por qué no iba a funcionar igual con el futuro? ¡Lo que pasa es que nada nos prueba la preexistencia de ese futuro y mucho menos la existencia de seres capaces de fabricárnoslo!

¡Ya está! Este padre me parece más preocupado por sus problemas intelectuales que por los de su hijo. Mantengo la calma:

—No hay necesidad de saber quién lo fabrica. Basta con saber regular nuestro potencial de supervivencia. Es tan extraordinario que, a menudo, parece paranormal pero en realidad, solamente nuestra ignorancia lo es.

—Si quería verte hoy antes de que estuvieras con mi hijo, no era para molestarte con preguntas estúpidas sino para saber lo que piensas acerca de los sanadores. Afirmas que todos nos hemos cruzado un día u otro con una persona capaz de quitar verrugas, curar pequeñas quemaduras, mover objetos, todas esas historias que se leen en las revistas sensacionalistas.

—Te has olvidado de las personas que encuentran manantiales, que adivinan el porvenir, que te ponen una articulación en su lugar, que calman los dolores o que echan a los demonios, todo ello sin hablar de las curaciones que se consideran milagrosas. ¿No te sorprende ver todas esas curaciones rápidas y sorprendentes?

Sentía que como muchos de nosotros, dudaba de la realidad de una energía semejante, ignorando que nuestro cuerpo la reclama a cada instante, para su supervivencia. Así pues, no me extraña, cuando, poniendo el libro sobre el escritorio, me pregunta:

—¿De qué energía hablas?

—De aquélla que posee todo ser humano aunque no lo sepa definir del todo. Por decirlo de otra manera, podemos decir que es una energía que nos deja como nuevos.

—¿Si tú la utilizas, piensas que Aurélien la podría utilizar también? Todo el mundo no es sanador.

Protesto:

—¡Ni yo tampoco lo soy! El fin de querer cambiar el futuro no es el de la curación sino el de la búsqueda del equilibrio. Es más importante encontrar la causa de un desequilibrio que el de la curación, sobre todo cuando ésta toma la apariencia de un milagro divino. Una enfermedad es un toque de alarma, curarla sin buscar el origen, no sirve de nada. Si la causa no desaparece, vendrá otra, quizá más grave, que hará lamentar la curación pasada.

Me gustaría hablarle de los peligros que acechan a los sanadores, a los confesores, a los terapeutas, pero pienso que es inútil. Lo que yo no sabía es que este "intelectual superior" ya había empezado a ser domesticable.

—¿Puedes ahora responder a mi primera pregunta? ¿Qué hace un buen sanador?

—Cura sin haber aprendido a hacerlo. Juzgadas benéficas por sus pacientes pero peligrosas por los médicos –sanadores autorizados pero a menudo impotentes– esas curaciones, a veces espectaculares, son excesivamente peligrosas para él.

—¿Cómo es eso? —pregunta Charles muy sorprendido.

—La persona que toma a su cargo el futuro de una persona, puede liberar a esa persona de un desequilibrio que sería causado por la actualización de ese futuro. En ese caso, podría decir, como dijo Jesús a un paralítico: "¡Levántate y anda!" Informándole al mismo tiempo: "Tu potencial peligroso ya no existe."

—¿Piensas que Jesús tomó a su cargo el futuro del paralítico? —exclama extrañado.

—Pienso que Jesús conocía esa posibilidad puesto que el idioma griego de su época habla de ello claramente y que este gran "médico de la ley" del espacio y del tiempo no podía sino conocerlo. En este idioma muy antiguo, crear un potencial peligroso se dice "amartanou" que significa pecar[10]. Claro que no se trata del pecado tal y como los cristianos lo consideran hoy en día. Tomar a su cargo un "pecado" cura al enfermo

---

[10] Para los griegos, el pecado es: αμα-ρ-τανω (ama-r-tanou = pecar):αμα = ama es el α desdoblado con el mejor estado presente μ entre el pasado α y el futuro Ω. El vínculo r = ρ del desdoblamiento de α puede inmovilizarnos o retenernos (tano).

o resuelve el problema, pero no lo borra. El sanador se encuentra pues, con un potencial peligroso, un "pecado" que deberá suprimir para que no sea nunca más actualizado por nadie, si no, será responsable de nuevas desgracias. Tornándose suyo, ese potencial será una "tentación" para él. Deberá pues pedir a su doble de "no dejarle caer en la tentación y le libre de ese futuro mal".

—Ya sabía yo que el "padrenuestro" era tu oración favorita.

—No es una oración que se recite mecánicamente. Es una petición natural y profundamente reflexionada, de un hijo que sabe, por ley universal, o sea con certeza, que tiene un padre "en un reino que no es de este mundo" decía Jesús, autor de esa petición. Ésta pues, no concierne a la curación sino a la búsqueda de un equilibrio espiritual saludable.

19

LA ANTICIPACIÓN O EL PODER DEL PENSAMIENTO SOBRE EL PLANETA

—Entonces, ¿tú piensas que la curación es peligrosa? –pregunta Charles–. No obstante, una vez fuera de peligro y curado, todo enfermo es feliz y la gente de su entorno también.

—¡Quién no se siente feliz al recuperar la salud, sobre todo tras una grave enfermedad! Sin embargo, una curación no es sin consecuencia pues todo sanador se hace cargo de un potencial que puede aniquilarle. El anuncio a un paciente de su curación, puede aportar un alivio a éste, pero el sanador se hace asimismo, co-responsable de un futuro peligroso puesto que el enfermo, satisfecho –y tal vez, curado– no modifica en nada sus pensamientos ni su comportamiento. A la larga, su responsabilidad puede volverse infernal y hasta mortal.

—En efecto, ya sé –replica Charles, con un tono de voz sorprendentemente tranquilo– que las estadísticas oficiales de las empresas aseguradoras, que prevén la jubilación de sus clientes, son poco tranquilizadoras para los terapeutas. La estimación de vida de éstos es más corta y por eso cotizan menos. Tu conclusión parece, pues, lógica.

—¿Qué quieres decir?

—Que después de todo, curar es peligroso.

—Es peligroso solamente si el sanador deja de hacer terapia. Si él ignora la manera de arreglar sus potenciales, se encuentra frente a nuevas dificultades, y ya no puede derivarlas sobre sus pacientes. Todo el tiempo que dure esta transferencia de energía potencial vive más o menos bien. Si elimina esa posibilidad, ¿qué puede hacer?

—¿Qué entiendes por transferencia de energía potencial?

—Puedes quitar el potencial peligroso de un enfermo, que así pues, se curará, pero tomas ese potencial a tu cargo. Tener el mismo sanador, hablar con sus pacientes, puede abrir la puerta a un potencial peligroso si no estás protegido por tu afecto y tu honestidad. ¿Sabes lo que es el "efecto nocebo"?

—No.

—Cuando la actualización de un futuro nos gusta, la llamamos "efecto placebo", cuando es nociva, olvidamos llamarla "nocebo", lo que en latín significa: hacer daño. Es normal esconder lo que nos hace daño y guardar lo que nos gusta. También hay una gran desinformación acerca de esto. Se han hecho experimentos "a ciegas", para testar nuevos medicamentos. Se les da buenos y falsos medicamentos a dos grupos de población que ignoran la realidad de lo que toman.

—Entiendo cómo funciona –comenta Charles–. El médico también ignora lo que está dando. De esta manera, algunos enfermos toman, sin saberlo, agua o azúcar. A veces se curan gracias a los placebos.

—Lo que ha ocurrido en realidad, es que han actualizado un potencial saludable ya existente. Hay otras personas que sufren de los efectos secundarios, bastante antes que aquellos que toman el verdadero medicamento. Han encontrado una información exacta, pero, esta vez, el potencial actualizado es peligroso y a veces mortal. ¿Cómo se puede explicar un resultado tan malo, cuando este peligro todavía no existe en el grupo de personas que toma el verdadero medicamento? Los laboratorios llaman efecto "nocebo" a este efecto sorprendente, y a menudo esconden su existencia.

—Según tú, ¿se trataría de un mal futuro colectivo o es que extraemos tontamente la información que necesitamos?

—Se trata de una mala transferencia de energía potencial. Así pues, esta explicación permite entender el contagio. Una epidemia se desarrolla rápidamente pues utiliza este efecto nocebo. Un virus o una bacteria que normalmente no hacen ningún daño pueden ser mortales si su portador tiene miedo a enfermar. Este miedo se vuelve la causa de su enfermedad, porque para abrir las puertas de un futuro peligroso, basta con tener un pensamiento semejante al que ha creado ese potencial. Es la relación obligatoria entre tentación y "pecado", según el sentido griego de esta última palabra.

—¿Qué podemos entonces decir de los confesores, de los psi...? Según tú, con su absolución o con su análisis, ¿toman también para sí los "pecados" de sus pacientes, en el sentido griego de la palabra?

—¡Pues sí! y nuestros dirigentes políticos también. Sin embargo, nuestros dirigentes políticos, ignorantes de las leyes del tiempo, ¿son capaces de borrar los "pecados del mundo"? A menudo, tras la consulta a escondidas con videntes, los actualizan, volviéndose así marionetas dóciles de una realidad futura, perdidos en un "más allá" de nuestras percepciones de las cuales ignoran todo.

—¿Hablas en serio cuando te refieres al "más allá"? ¿No es más fácil pensar que el mundo está dirigido por un pequeño grupo de multimillonarios?

—¿Y si esos multimillonarios estuvieran bajo el dominio de nuestro futuro, el cual, disimuladamente, los manejaría a través de un intercambio de informaciones parásitas? Una vez puestos, es mejor inundar de informaciones falsas la parte alta de una pirámide, que mojará la parte baja. Al revés no funciona. Sin embargo, dirigente o dirigido, gobernante o gobernado, cada uno puede beber las informaciones de su doble que no están nunca filtradas por nuestra jerarquía humana. Éste sabe que los futuros potenciales de los demás son más peligrosos que los nuestros.

—¿Podemos nosotros crear futuros potenciales adaptados a nuestro cuerpo y a nuestros problemas?

—Claro, pero no es suficiente, porque vivimos en una colectividad y podemos actualizar un futuro existente, fabricado por cualquiera, durante los veinticinco mil años del ciclo de desdoblamiento. Como éste llega ahora a su fin, nos provee de un potencial temible. En el futuro han sido creadas muchas posibilidades que nunca han sido actualizadas en el presente. En nuestros días, como ya no tenemos cortafuegos que barran la ley inflexible del tiempo, la humanidad está despertando potenciales peligrosos ocultos desde hace milenios en las tinieblas del futuro. Nos extraña la furia de nuestro planeta cuando se trata sólo del resultado de la actualización de futuros catastróficos, llevados a cabo por cada uno de nosotros en su vida diaria.

—Resulta, sin embargo, difícil –añade Charles con aire serio– ver la relación entre el enfado de un hombre con su mujer en primavera y la inundación de su casa en otoño.

—Un pensamiento o una palabra violenta, desencadena en el futuro un efecto nocebo. Más adelante, basta con actualizar ese potencial. Un enfado pequeño también atraerá una importante consecuencia ya existente en el futuro. ¡Eso sin hablar de los ciclones, los tornados y los maremotos que pueden ser desencadenados solamente por la violencia del pueblo! Los pensamientos son mucho más destructores de lo que crees. ¿Y si los utilizáramos en el sentido inverso? No te puedes ni imaginar su fuerza. En la isla de la Reunión, un río de lava rodeó una iglesia porque a los fieles les gustaba ese lugar de reunión.

—Eso es una casualidad —concluye mi interlocutor, que recobra sus prejuicios y su impaciencia de "intelectual superior".

—Si los dobles son capaces de desviar un río de lava, ¿por qué no serían capaces de parar una erupción volcánica antes de que caiga la lava, el seísmo antes del tsunami, la modificación del eje de rotación de la tierra antes de los movimientos tectónicos que derivan de ello, el deshielo que modifica este eje, las explosiones solares que los calientan, etc., etc. Nuestros pensamientos modifican la naturaleza que está a nuestro servicio, modificando de esta manera su potencial, así que las catástrofes no son nunca naturales.

El padre de Aurélien protesta:

—¡Es imposible analizar las consecuencias futuras de cada uno de nuestros pensamientos!

—Tan sólo nuestro doble puede arreglar un potencial nocivo antes de que pueda ser actualizado por quien sea. En cambio, según este mismo proceso natural, podemos ser los creadores de la felicidad de los demás sin nunca ver a nadie.

—¡No me digas! –se exclama Charles estupefacto–, ¡y además, me lo vas a contar con tu seguridad personal y aplomo habitual!

—Pues dime tú lo que debería decirte con mi seguridad y aplomo habitual, que no es, para que lo sepas, sino una de las maneras de desencadenar la intuición.

No está de acuerdo:

—¡La intuición! Tu seguridad personal puede ser también sencillamente una pretensión y no tener nada que ver con la intuición.

—Nunca dudo de una respuesta que todavía no conozco pero que probablemente va a llegar, puesto que la pides. Desencadenar una intuición puede, efectivamente, dar la sensación de tener respuesta para todo. Inténtalo tú también y alégrate del resultado.

—De momento prefiero preguntarte, aunque con muchas dudas en cuanto a tu respuesta, ¿por qué un pensamiento agradable destruye un potencial desagradable?

—Un pensamiento agradable hacia una persona que te cruzas en la calle es suficiente para desencadenar un potencial agradable. Esa persona podrá actualizar un futuro simpático cuando su pensamiento sea de la misma índole. Sentirá inmediatamente una gran alegría, sin saber por qué.

—¿Y qué produce un pensamiento desagradable?

—Permite actualizar un futuro desagradable que desencadena inmediatamente una reacción de defensa. Piensas, sin razón, que se trata de una antipatía espontánea. El conocimiento de este mecanismo sencillo permitiría solucionar la mayoría de los problemas en la tierra. No es una utopía sino una ley, que se hace permanente debido al final del ciclo de desdoblamiento.

—¿Qué final?

—El final del tiempo de desdoblamiento. Los tiempos: pasado, presente y futuro están separados según ciclos inmutables de veinticinco mil años[11]. Al término de esta separación descubrimos las preguntas de nuestros dobles y los futuros que hemos construido. Mientras tanto, buenos o malos, todos los potenciales están accesibles. De ello resulta que la felicidad atrae la felicidad y que el simple hecho de considerar una pequeña desgracia, atrae la furia del futuro.

Charles se burla:

—O sea, que para no crear nada malo en el futuro hay que ser "retrasado". Si el ignorante participa en la desinformación, la tontería también lo hace.

—¡No en el futuro! Un "sencillo de espíritu" no aporta ningún pensamiento válido, sólo su necesidad de afecto. De esta manera, él nos fabrica un potencial afectivo que el intelectual ignora y nunca actualiza.

—¿Qué haríamos en nuestro mundo con personas "retrasadas" en cada rincón de nuestras calles?

—Haríamos maravillas en el futuro. Algunos pueblos africanos, llamados primitivos, los acogían como dioses, los trataban con gran respeto. Nosotros les perseguimos hasta en el mismo vientre de su madre. Nuestro

---

[11] Ver el libro "Cambia tu futuro por las aperturas temporales".

mundo rechaza a los "retrasados" porque nos gusta "parecer". Tan sólo somos "sepulcros blanqueados" llenos de podredumbre. Nos atrae la cara externa de las personas y no sabemos que esa atracción puede abrirnos la puerta a un potencial detestable. ¡Cuántas personas viven envidiando a los demás y no se dan ni cuenta que de esta manera se destruyen a sí mismas! ¿Sabes cómo se orientan los murciélagos?

—Son animales ciegos, envían ondas y captan su eco.

—Nosotros hacemos lo mismo con el futuro. Enviamos preguntas pero captamos las respuestas de los demás. No es pues, de extrañar que nos demos de cabeza contra la pared una y otra vez.

Sin este conocimiento "del tiempo", la ciencia y la religión se confunden de camino. Hay miles de millones de potenciales escondidos en las tinieblas. En cuanto tenemos un pensamiento semejante al que ya ha fabricado un futuro, podemos actualizar sus consecuencias inmediatamente: a veces son beneficiosas, pero otras veces son muy peligrosas.

—Bien o mal, positivo o negativo –dice Charles a modo de conclusión–, la ciencia y la religión se parecen.

—Tanto la ciencia como la religión han sido construidas sobre postulados de apariencia lógicos pero no verificables, e intentan hacernos sobrevivir mejor o peor. La teoría del desdoblamiento permite a las personas que quieren hipótesis comprobables de, por fin, poder entender, que "el tiempo" se divide en pasado, presente y futuro, y que esto nos permite, entre otras cosas, estar a la escucha en nuestra vida diaria. Sin embargo, esta escucha es tan rápida que no somos conscientes de ella. Sin darnos cuenta, utilizamos los momentos en que nuestro cuerpo nos sumerge en el inconsciente. Hay personas que intentan buscar conscientemente, ese estado en el que la conciencia se modifica, por medio de trances, bailes, cánticos, ayunos o hipnosis, para poder "captar" lo que ellos piensan que es el futuro.

—¿No es eso lo que hacen los chamanes y los brujos?

—Debido a que las puertas del futuro están abiertas de par en par, todo el mundo es chamán o brujo al final del desdoblamiento de los tiempos, la videncia y las premoniciones son el pan de cada día. Hoy en día, la excepción sería de aquél / aquélla que no recibe ningún mensaje del futuro. Hoy, Edgar Cayce, pasaría desapercibido.

—¿Hablas de ese vidente que al principio del último siglo, sorprendió al mundo médico?

—Él hablaba de "viajes a un tiempo diferente del nuestro" y se ponía en un estado de auto-hipnosis o de inconsciencia para poder dar diagnósticos precisos y llevar a cabo tratamientos eficaces. También diagnosticó enfermedades y describió bacterias que solamente se conocieron y fueron estudiadas tras su muerte. Durante su estado de trance cercano al del sueño, debía, probablemente, utilizar las aperturas temporales para captar informaciones.

—¡Un tipo así no se encuentra a la vuelta de la esquina!

—No te engañes, hoy en día encontramos este tipo de videntes en todos los lados. También existe una extensa literatura escrita acerca de los "channelling" (canales), que están en verdad en contacto directo con seres peligrosos. Son hábilmente manipulados con el fin de poder manipular, a su vez, hábilmente a sus lectores. Hoy en día, cualquiera puede hacer llegar a él este tipo de información premonitoria.

—¿Tenemos que huir de ellos?

—No, son muy útiles en caso de urgencia, y el doble va siempre un segundo por delante de esas informaciones parásitas. Está el ejemplo de esa persona invitada a casa de los amigos que al oír interferencias en la radio, pensó que un niño se estaba electrocutando. Los padres se precipitaron a la habitación de su hija quien se estaba metiendo en la boca una toma de electricidad. Este hombre, en contacto con su doble, había "adivinado" el peligro de manera instintiva.

—¡Seguro que había sido electricista!

—No es la competencia en la materia la que nos da la intuición necesaria. Por ejemplo ese cirujano, que, gracias a nuestra enseñanza, desarrolló el control de sus intuiciones. Un día, en la calle, vio tendido sobre la acera a un ciclista que acababa de sufrir un accidente. Sin tiempo a pensárselo dos veces, cogió su navaja y abrió la garganta del pobre desgraciado, y de esta manera le salvó de morir asfixiado. Su intuición no hizo sino mejorar sus conocimientos quirúrgicos.

—¿Me quieres hacer creer que cualquier persona puede poner en marcha un reloj, leer las cartas o los posos de café?

—Solo aquél que tiene miedo de esos fenómenos, los aleja. Es una protección. El problema es que nadie sabe cómo controlar aquello que termina por denominarse "paranormal". Así pues, aquél que se maravilla de lo que no entiende termina por tomar todo como un hecho, y termina en una secta antes de haberse dado cuenta de que se ha vuelto esquizofrénico. ¿Quién fabrica mejores lavados de cerebro que el futuro?

—¿Y los gurús? —añade Charles.

—Como la mayoría de los videntes, médiums patentados o "canales", un gurú no es más que el servidor de las tinieblas que lo iluminan –le digo, mientras él busca algo dentro de un cajón–. Ese profeta infernal es todavía más negro que sus guías, que él toma por iluminados. Él anticipa las preguntas que le sugieren las tinieblas para transformaros todavía más, en marionetas. Y vosotros pensáis lo que el futuro quiere que penséis antes incluso de que toméis conciencia de lo que estáis pensando. Es fácil, puesto que la anticipación es una ley vital ignorada por todo el mundo.

El escepticismo se lee en el rostro de Charles:

—¿Ha sido probada esa ley?

—Hay experimentos que demuestran esto perfectamente[12], gracias al diagnóstico por imágenes, que utiliza la técnica de lo ondulatorio –scanner u otro medio–. Sin embargo, la medicina clásica desprecia la influencia de las ondas que recibe nuestro cuerpo. Hoy en día, nos es posible visualizar la parte del cerebro que se activa solamente por la voluntad de llevar a cabo un gesto en concreto.

—¿Y?

—Teniendo esto localizado, se ha podido demostrar la anticipación. Tú decides levantar el brazo, porque tus neuronas ya han decidido que lo hagas antes incluso que tomes conciencia de ello. El único problema es el de saber si eres tú el que ordena a tu cerebro u otra persona. A saber, que el hecho de levantar un brazo no es anodino, puedes estar "metiendo la mano" en un potencial detestable.

—¿Cómo es eso?

—Piensa en todos los que han levantado el brazo diciendo: "¡Heil Hitler!" A causa de este sencillo gesto han sido co-resposables de millones de muertos.

—¡Exageras un poco! –dice Charles, quien, sin embargo, empieza a darse cuenta, con gran susto, de la gran responsabilidad que tenemos cada uno– ¿Qué me dices entonces de los que hacen la señal de la cruz?

—Estas personas pueden actualizar los potenciales creados por generaciones de personas supersticiosas y que piensan, de esta manera, hacer llegar a oídos de Dios sus deseos.

---

[12] Experimentos del profesor Libet: tiempo medio de anticipación 0,4 a 0,7 segundos. Estos experimentos fueron confirmados en el 2005 por el diagnóstico médico por imágenes.

Con una sonrisa de satisfacción, Charles saca un péndulo del cajón. Su alegría se asemeja a la de un niño a quien se le ha pillado con la mano dentro del bote de mermelada.

—Vamos a ver quién manda a quién. Acabas de decirme que mi cerebro recibe informaciones antes incluso de que yo me dé cuenta de ello –con gran asombro por su parte, el péndulo empieza a girar muy rápidamente–. Ves, el péndulo gira sin que yo piense en nada —dice, creyendo tener la explicación de ese fenómeno bien conocido por adeptos de la adivinación.

—No. Tú crees que no piensas en nada pero en realidad, te quieres demostrar a ti mismo que gira sin que pienses en nada y el futuro te demuestra inmediatamente que ese potencial existe. Millones de personas hacen girar sus péndulos para probar que lo que piensan es verdad.

—¿En dónde reside el peligro?

—Con el conocimiento de la anticipación, se puede decir que recibes informaciones del futuro antes siquiera de tener conciencia de ello. Sin embargo, eres tú el que las has atraído porque el principio de tu pensamiento ha hecho resurgir proyectos pasados, individuales o colectivos. Estos últimos han desencadenado un potencial y tu cerebro actualiza ese futuro antes de que tengas tiempo de terminar tu pensamiento. Te llega inmediatamente la necesidad de mover el reloj de pared, es un instinto o sencillamente un reflejo. Lo que ha ocurrido, es sencillamente, que has actualizado un futuro existente por una apertura temporal, antes siquiera de saberlo.

—¿Piensas de verdad que actúo de esta manera sobre la materia? —dice mirando cómo se mueve su péndulo.

—Los animales lo hacen para su bienestar. ¿Has oído hablar de la "psicoquinesia"? Para ellos eso es natural, ellos saben utilizar una realidad de otro tiempo.

—¿Tú, un hombre de ciencia, crees en la psicoquinesia? —dice con gran sorpresa, a la vez que guarda su péndulo.

—Es totalmente científico. Por ejemplo, cuando un polluelo sale de su huevo, lo que se mueve, para él es su madre. Esto también ha sido demostrado científicamente[13]. Por ejemplo, en el momento anterior a la eclosión, pon delante un pequeño vehículo que se desplaza aleatoria-

---

[13] Impronta de Lorentz.

mente, verás algo sorprendente: su trayectoria ya no será aleatoria, sino que se acercará al polluelo. De la misma manera, si pones delante un vehículo que da miedo, por el color o el ruido, se alejará del polluelo.

—¿No estarás queriendo decir que el animal modifica el comportamiento de una máquina?

—¡Claro que sí! Es verdad que todo el mundo piensa que un vehículo no tiene estado de ánimo, pero otra serie de experimentos prueban la realidad, es decir, la influencia del pensamiento del animal sobre la materia. Se pone un ratoncito a la entrada de un laberinto cuyos pasillos han sido, todos menos uno, convenientemente electrificados. Adivinando lo imprevisible, el ratoncito toma, casi siempre, el camino libre de descargas eléctricas en busca de su comida al otro extremo.

—No cuestiono estos experimentos, sé que son verdad pero ¡no somos ratoncitos!

—La anticipación tiene que ver con todos los animales, incluido nosotros. Una máquina es sólo un montón de partículas en movimiento, como nosotros. El ratoncito nos prueba que es un excelente físico de las partículas. Tu ordenador trastorna tu comportamiento que a su vez le perturba a él. Si el micro-ondas es capaz de transformar las informaciones vitales de nuestros alimentos hasta el punto de desinformarnos, lo contrario también es posible. ¿Quién no ha observado la influencia del hombre sobre el vegetal? Algunos hacen crecer las plantas maravillosamente.

—¿Quieres decir "tener buena mano"?

—Una buena atención actualiza el mejor futuro. Las plantas sacan beneficio de ello. De la misma manera, ¡podríamos dar una información saludable a los alimentos antes de comerlos o a las máquinas antes de utilizarlas! La bendición de los alimentos antes de comer, por los católicos, tendría pues justificación. Sabiendo esto, deberíamos asociar un pensamiento a cada uno de nuestros gestos.

—¡Lo que nos faltaba! –exclama Charles–, con las redes eléctricas, las tomas de corriente, las radios, los teléfonos y todo ese lío de informaciones ondulatorias, tus informaciones anticipativas deben de ser poco fiables.

—Los sueños y los tiempos llamados de "inconsciencia" nos llevan siempre a largos viajes necesarios, donde encontramos el mejor equilibrio posible. Conocida desde siempre, mucho más potente que la bomba atómica, la aceleración fulminante del tiempo nos da una gran fuerza a cada instante. Sin saberlo, utilizamos esa "bomba del tiempo" en nuestro día a día. La desencadenamos cada vez que queremos. Malgastamos nuestra energía pensando mal y debilitamos de esta manera nuestro potencial de supervivencia el cual nos será preciso tras nuestra muerte.

—Todo esto suena bien y no me canso de escucharte –dice Charles–, pero todo hombre con sentido te dirá que si fuera verdad, se sabría...

—Es lo que nos dicen los incrédulos que nos dejan en el desconcierto de su ignorancia. ¿Cuántas personas estarían todavía iluminándose con las velas si no hubiéramos aceptado la realidad de la electricidad? Todo lo que es vital se conoce de manera natural. ¡No hace falta enseñanzas para sobrevivir! Los animales nos lo demuestran a través de multitud de ejemplos en el día a día que ya no sabemos descifrar. Un caballo se para en cuanto siente un peligro, pero su jinete hace oídos sordos a este "aviso" y lo espolea con más fuerza, tendrá que afrontar el peligro que su montura quería evitarle.

Sorprendentemente, Charles añade:

—En efecto, en Indonesia, los elefantes rompieron sus cadenas y escaparon del lugar antes del tsunami.

—Así mismo, avisados del peligro, los peces huyeron antes del maremoto y salvaron la vida de los pescadores que les siguieron. Encontraron solamente algún que otro cadáver de rata, cuando había miles de millones de ellas. Antiguamente, todo el mundo sabía que las ratas abandonaban el barco en el puerto, tiempo antes de prever la tempestad que hundiría el barco en pleno mar. ¿Por qué no somos capaces de imitar a los animales? Debiéramos tener claro que ¡los que fabrican nuestro futuro son los que se aprovechan de nuestra ignorancia!

20
LOS INTERCAMBIOS DE INFORMACIÓN

Una sonrisa de satisfacción ilumina el rostro de Aurélien, quien, cómodamente sentado en su sillón, no ha perdido para nada el hilo de la conversación:

—Si durante el sueño intercambiamos nuestros cuerpos energéticos con los de nuestro doble, eso no tiene nada que ver con nuestro futuro ¿no?

—Es un primer intercambio, pero ese otro "yo" no se queda ahí. Su cuerpo energético sigue su viaje hacia nuestro futuro en busca de respuestas de acuerdo con sus preguntas, pero, solamente las encuentra si nosotros las hemos fabricado ya con nuestros pensamientos. Mientras tanto, un cuerpo energético del futuro sustituye al nuestro.

—¿Por qué?

—Para mantenernos con vida. Aporta sus propias preguntas y sus propias respuestas. Sin el control de tu doble, éstas podrían ser contrarias a tus inquietudes y te darían informaciones falsas, inadaptadas a tu cuerpo, el cual podría verse gravemente maltratado.

—¿Significa que mi cuerpo está a la merced del futuro? —se inquieta Aurélien, aparentemente atónito por esta idea.

—No. Ninguna energía del futuro es dueña de nuestro tiempo. Es por esto, que, durante este intercambio, nuestro cuerpo no puede moverse. Sin embargo, almacena las informaciones del futuro. Eso explica nuestra inmovilidad –llamada atonía postural– y la intensa actividad intelectual que hace que nuestros ojos se muevan en todas las direcciones, durante el sueño. Al despertar, aceptas las nuevas ideas, sólo si te gustan, tanto mental como físicamente. En realidad, haces videncia sin saberlo. Si tu doble no interviene nunca, te puedes despertar estresado o deprimido, porque corres el riesgo de pensar cosas inaceptables para tu cuerpo o tu espíritu.

—Eso no es posible: ¡ya te he dicho que rara vez recuerdo mis sueños!

—Tu cuerpo sí se acuerda de ellos y te da informaciones que pueden ser detestables. Además, como el futuro es una realidad diferente a la nuestra, es difícil entender nuestros sueños. Lo mejor es dejarle nuestros problemas a nuestro doble para que los arregle, pues el futuro tiene la misma realidad que él, en acelerado, ve desfilar lentamente, todas las posibilidades que tenemos. Gracias a nuestro doble, desde el día siguiente, podemos actualizar el mejor potencial. No te olvides que existen miles de millones de aperturas temporales durante el sueño paradoxal. Tu doble puede solucionar miles de millones de problemas. Hacer este intercambio con él, es la única forma de vivir sin preocupaciones y, sobre todo, sin miedo al mañana. Si no, no puedes controlar el futuro. Te llenas de pensamientos extraños que te parasitan y te empujan a hacer cosas que, normalmente, nunca hubieras tenido ganas de hacer.

—¿Por qué el futuro no me iba a dar datos correctos?

—Es como si le preguntas el camino a un paseante que cree conocer la ruta. ¿Te dará la indicación correcta? El futuro está lleno de mentirosos que viven en función de nuestros pensamientos.

—A propósito, todavía no me has explicado cómo deshacerme de esos gamberros, ¿te acuerdas?

—Basta con que vivas en el afecto y la honestidad. Como decía Jesús: es tu única protección frente a esos infiernos en donde reina el príncipe de las tinieblas. Dios de las sombras de los sumerios, demonios de las regiones infernales, esos mundos oscuros analizan nuestros pensamientos para fabricar sus consecuencias. No hacen más que fabricar la vida que deseamos. Nuestros interrogantes les permiten crear sus respuestas. Si quieren vivir a su aire, las modifican. Las pesadillas no son más que la consecuencia de esos intercambios incontrolados. De esta manera, poco a poco, va cambiando nuestra personalidad y sin darnos cuenta entramos en el reino de los esquizofrénicos.

—¿Qué es un esquizofrénico?

—Es una persona que se siente tan atraída por el futuro, que el futuro está prácticamente todo el tiempo con ella. Su personalidad es doble porque su doble ya no está nunca con ella. Poco a poco, se va acostumbrando a las tinieblas.

—¿Por qué nadie nos habla de este doble? —pregunta Aurélien al tiempo que mira a su madre que entra en el salón.

—No nos es del todo desconocido. Algunos lo ven como un guía o un ángel que evoluciona en un mundo misterioso.

—Otras personas –añade la madre– prefieren creer que una conciencia innata o un inconsciente colectivo relacionado con el pasado o con la casualidad de la evolución, nos arrastra hacia el olvido o el descanso eterno.

—Suerte, o mala suerte, Dios o diablo, casualidad o predestinación, todo el mundo tiene razón, nadie tiene culpa, porque ese otro "yo" es nuestra relación con la inmortalidad: es una parcela creativa en un tiempo diferente al nuestro, en un "más allá" de nuestras percepciones habituales, es decir, en un invisible perfectamente real.

—Entonces, deberíamos poder conocerlo —replica el niño.

—Es demasiado peligroso, la luz de su tiempo ralentizado nos mataría. Nos cruzamos en nuestros intercambios y no nos vemos nunca. A veces, cuando tu doble viene a ti por la noche y ve tus futuros horribles, no se aventura, y te vuelves sonámbulo.

Aurélien, inquieto, me mira fijamente:

—Pero es que yo soy soná...m...bulo –dice, tartamudeando– ¿verdad, mamá?

—Aurélien, acaba de pasar una crisis de sonambulismo —confirma la madre, sintiéndose de repente incómoda.

—Este hecho es frecuente a su edad, pues el niño intenta volar con sus propias alas, lejos de su doble. Puede llegar a ser dramático durante la pubertad, pues nos apartamos de repente del camino que nos habíamos marcado antes de nacer. Entonces, el doble se siente tan contrariado que intenta demostrárnoslo zarandeándonos.

—¿Quieres decir que tengo un futuro podrido por delante? –pregunta Aurélien inquieto–, es eso, ¿no?

Le tranquilizo:

—Todos nosotros estamos en la tierra porque nuestro futuro es más o menos podrido. No te olvides que hemos hecho muchas cosas en nuestro espacio desde hace veinticinco mil años. ¡El sonambulismo no es un castigo! Antiguamente, toda la tribu te hubiera hecho preguntas para escuchar al dios que hay en ti. Hoy en día, prefieren recetar pastillas que suprimen tanto el sonambulismo como las informaciones de tu doble.

—Ayer dormí bien, pero –dice tras reflexionar– era el futuro el que estaba en mí, él es el que ha dormido bien.

—Él no duerme en ti, sino que toma conocimiento de tus preguntas y de tus preocupaciones que modificarán posteriormente su comportamiento y sus pensamientos en su realidad. Es un intercambio: tus pensamientos cambian el futuro, lo cual cambia tus pensamientos.

Aurélien mira a su madre con una sonrisa:

—¡Es entonces cuando nuestras células malas se suicidan!

La madre se encoge de hombros y riñe suavemente a su hijo:

—¡No digas tonterías!

—Tiene razón –le digo–, una sola noche puede ser suficiente para ponernos en forma. Este equilibrio recobrado rápidamente, a veces instantáneamente, da la impresión de un equilibrio repentino, milagroso. Se trata sólo de la actualización en nuestro cuerpo de un potencial ya existente en nuestro futuro.

—Si mi doble viene a mí, ¿puedo encontrarme con él?

—No, solamente la muerte nos puede reunir.

—Sin embargo, hay muchas personas que ven en sueños a un ser luminoso –exclama su madre–. Esas personas, ¿están guiadas por sus dobles?

—No, son tan sólo la presa crédula de los dioses de la sombra que les alumbran con sus mentiras. Sólo nuestros dobles son seres de luz y sólo podremos ver el nuestro después de nuestra muerte. A veces, cuando hay urgencia, una vibración luminosa nos puede avisar de su presencia. ¿Por qué perdería energía de esta manera, si no es para avisarnos que necesita respuestas a una de sus preguntas? Por ejemplo, para anunciar un nacimiento, una muerte, una noticia o un giro necesario en nuestra vida. En todos los casos, y como llegamos al final del ciclo de desdoblamiento, es necesario utilizar nuestro doble para estar seguros de no confundirnos de guía ni de dirección.

Aurélien añade:

—O sea que con él, debería ser capaz de obtener inmediatamente todo lo que deseo para mi futuro ¿no?

—No, pues existe un desfase de cuarenta días entre el instante en que deseas un futuro y el momento en que puedes actualizarlo. Este lapso de tiempo tiene su explicación.

—¡Qué rollo!

—No, es por seguridad. ¡Piensa! Uno sólo de tus pensamientos fabrica instantáneamente el futuro correspondiente. Alguien puede actualizar ese potencial, con sólo tener un pensamiento parecido. Si quieres evitar esa responsabilidad, tienes cuarenta días para cambiar ese futuro con la ayuda de tu doble. Es el principio mismo de la cuaresma.

—Pero si necesito inmediatamente un futuro para mi supervivencia, ¿qué hago, no voy a esperar todo ese tiempo?

—Hay miles y miles de millones de potenciales disponibles en el mundo entero, puedes encontrar uno que esté adaptado a tu caso.

—¿Hablas del inconsciente colectivo? —pregunta Françoise.

—El inconsciente es en realidad un consciente memorizable, pero en momentos tan rápidos que siempre parece estar fuera de nuestra conciencia. Sin embargo, modifica nuestro presente instantáneamente. Tienes a tu disposición en cada instante, informaciones que llegan tan rápidas que se presentan bajo la forma de intuiciones, sugerencias o premoniciones. El problema es saber distinguir las informaciones de nuestro doble con las del futuro.

—¿Y cómo lo hacemos? —pregunta el niño.

—Tenemos que entender que de las tinieblas no llega nada bueno. ¿Tienes miedo a la oscuridad?

—¡Sí, claro!

—¡Es normal! Los niños siempre tienen miedo a los malos intercambios que se efectúan en las tinieblas de los tiempos acelerados. Cuando se despiertan y hablan de su miedo, los padres intentan solucionar el tema poniendo una lucecita en la habitación. Eso tranquiliza al bebé, pero como éste ignora que su miedo atrae hacia él un futuro capaz de meterle más miedo, será todavía más propenso a las pesadillas; recibirá informaciones que su cuerpo no aceptará. A esto seguirán problemas físicos, siendo los más benignos: el "culito" irritado, el eczema, la alergia..., los más virulentos podrían conllevar la muerte llamada "súbita" del bebé.

—¿Oyes mamá? —dice Aurélien a su madre.

—Hijo, deberías dejar que Jean Pierre se vaya, a menos que te puedas quedar un poco más –dice mirándome– pues lo que cuentas ¡nos sienta tan bien a todos!

—¿Por qué no dices a todos los niños que no hay ninguna razón para que tengan miedo de la oscuridad? —me pregunta Aurélien.

—No es posible explicar a un niño de unos cuantos días, meses o años, la teoría del desdoblamiento y lo que implica en el día a día —me giro hacia la madre–, de todas formas, no queda nada en manos de la casualidad. Los dobles del niño y de la madre se sirven de un canal común de información que permite aconsejarles al mismo tiempo. De esta manera, el niño puede ser calmado por la madre si ésta entiende que la razón número uno de las pesadillas de su hijo es su angustia.

—En efecto me he dado cuenta que mi hijo me comunicaba sus miedos, pero que también ocurría al revés.

El niño mira a su madre, extrañado:

—¡Pero tú no me das miedo!

—Sin embargo, es verdad –digo– ¡cuántas madres transmiten sus angustias! "Yo era como él, también tenía miedo a la oscuridad", os dirá una madre que no sabe que el futuro le probará más adelante que tiene razón de pensar así. En cambio, si entendéis que la oscuridad tan sólo aporta la consecuencia de los pensamientos que le habéis atribuido, entonces el niño ya no necesitará de ninguna luz para quedarse dormido.

—Entonces, mamá lo ha hecho todo al revés, y yo ¡también! –clama Aurélien–. Ella no sabe que yo siento su tristeza, y yo no sé que sus lágrimas son las mías. Papá tampoco sabe que las sombras negras que veo por la noche alrededor de mi cama son reales. Cada vez que hablo de ello, me dice: "Cuando seas mayor te reirás de ello, como yo, ya no tendrás miedo de nada." Un día le contesté: "Cuando te mueras verás a los malos a tu alrededor y ya no te reirás tanto. Ni siquiera habrá policías para ir a quejarte."

—¿Qué te contestó?

Aurélien duda en responder.

—A mi marido no le gusta que se le lleve la contraria –contesta la madre girándose hacia mí–. ¿Qué se puede hacer para que un niño ya no tenga miedo de la oscuridad?

—Le puedes contar un cuento antes de irse a dormir. El hecho de apagarle la luz sin miedo a que se sienta mal, es suficiente para hacer que desaparezca la fobia de la oscuridad. Claro está, debiéramos acostumbrarnos a hacerlo así desde el mismo momento de su nacimiento, pues el niño siente fuertemente la presencia física de su madre, como una fuente vital de información. Un alejamiento le provocaría un miedo indescriptible, a menudo, expresado con llantos, que ni siquiera un padre con gran talento podrá disipar –me viene a la mente un ejemplo reciente y se lo cuento–:

Acababan de informar a una madre que no se podía hacer nada por su hijo de tres años. Tenía dolores terribles y los médicos le diagnosticaron cáncer en la columna vertebral, en fase terminal. La madre estaba rota de dolor y angustia. Una amiga suya le habló de nuestros conocimientos y nos llamó.

¿Qué se le puede decir a una madre bajo tranquilizantes, y con un hijo bajo morfina? A fuertes dosis, las drogas perturban el sueño paradoxal y también los intercambios de información saludables con el doble.

Le sugerimos, si es posible, dejar los calmantes una o dos horas esa misma noche, a condición de volverlos a tomar si se sintiera mal. ¡Ojo! Hablamos de calmantes no de medicamentos. La supresión de un medicamento es grave y desencadena un potencial todavía más grave. Es demasiado peligroso tomarse esa responsabilidad. En ese caso en concreto, el dolor y la angustia que provocan, siendo alarmas eficaces, no pueden sino desencadenar el deseo de apaciguarlas. No hace ningún daño dejar el calmante a mano.

Y ¿qué se puede hacer con un niño que no puede entender el mecanismo de intercambio de informaciones con el doble ni la eficacia del control de la forma de dormirse?

—No me digas que basta con contarle un cuento —clama Aurélien, incrédulo.

—¡No del todo! Si la madre sabe acallar su angustia y si tiene la certeza que su doble lo va a solucionar todo, está claro que el día siguiente aportará lo mejor de lo mejor. Pero ¡cuidado! Nosotros aconsejamos que se cuenten cuentos improvisados, no todos esos que se cuentan en todos los sitios y que le pueden llevar a caer en potenciales peligrosos.

Es fácil contar una historia cualquiera, si se escuchan bien las palabras que nos llegan a la cabeza. Nosotros descubrimos la historia al mismo tiempo que la contamos. El niño se duerme antes incluso que pongamos el punto final. En el caso de esta madre, su sorpresa fue todavía mayor, pues los dos se quedaron dormidos antes de terminar de contar el cuento. Y lo mejor fue que los dos se despertaron diez horas después, totalmente tranquilos y calmados.

—Ves –exclama Aurélien, contrariado y muy crítico–, esta noche vienes a arroparme y me cuentas "pulgarcito" revisado y corregido por el doble. Yo me chupo el dedo y ¡todo va bien!

—¿Por qué piensas que el doble no te puede contar un cuento para tu edad? Creía que habías entendido la fuerza colosal de su información. Con el canal en común de una madre y de su hijo, hasta parece milagroso, y sin embargo no hay en ello nada anormal ni paranormal. Basta con saber extraer un potencial existente que corresponde a las necesidades de nuestro cuerpo, y eso sólo nuestro doble lo puede hacer.

Aurélien alza los ojos al cielo.

—¡No te enfades! He dicho una tontería. No tienes por qué hacer de ello una película de miedo.

21
EL ROL DE
UNA MADRE

—El rol de una madre es fundamental, pues el intercambio de informaciones es permanente entre ella y sus hijos.

Preocupada por esta nueva información, Françoise pregunta:

—¿Qué quieres decir?

—Toda mujer embarazada sabe que sus pensamientos cambian. Lo que no sabe es que ese cambio viene causado por el doble del niño que lleva en su seno. Ella recibe informaciones destinadas al feto, que toma por nuevas y geniales intuiciones, porque son, a menudo, diferentes de las suyas. Esto explica los inexplicables antojos de las mujeres embarazadas.

—¿Piensas que eso cesa tras dar a luz?

—Los antojos físicos, sí, pero los intercambios de información entre la madre y su hijo serán permanentes. Son muy fuertes hasta los siete años. En las tribus primitivas era al final de este periodo importante cuando se le daba al niño su nombre de adulto, puesto que entraba en la edad de la razón.

—Mi abuela ya no sabe ni quién es, ni dónde se encuentra. ¿Mi madre se volverá como ella, porque es su hija?

—Ése es otro tema –dice la madre– es una enfermedad, se llama Alzheimer.

—Tú que eres su hija, le puedes preguntar a tu doble el porqué de esa pérdida de memoria. El canal de información entre madre e hija es el mismo toda una vida y hasta después de la muerte. El pueblo judío consideraba que un niño era judío sólo si su madre lo era. A mi parecer, ésta es una preocupación mezquina, pero humana, pues no tiene por qué ser el marido el padre biológico del niño. Pero su preocupación iba por otro lado.

—¿Cuál?

—Viva o muerta, la madre transmite una información proveniente de su doble tanto a sus hijos como a su propia madre. Esta relación indeleble entre generaciones sucesivas permite dar una meta determinada a un mismo pueblo, siglo tras siglo. Los egipcios lo sabían y los judíos, que habían sido sus esclavos, también.

—Y yo, –dice Aurélien saliendo de la habitación– yo soy esclavo de mi cuerpo que debe evacuar las malas informaciones.

La madre sonríe al tiempo que me pregunta:

—¿Quieres decir que puedo ayudar a mi madre por el simple hecho de ser su hija?

—El linaje materno provee informaciones inmediatas tanto de la madre al hijo como del hijo a la madre, y eso durante toda la vida. Es verdad que a veces ese canal común no es siempre igual de eficiente. Sigue un ciclo de siete años: la edad de la razón, la edad de la pubertad, etc... También las células de nuestro cuerpo siguen ese ciclo puesto que ellas también se renuevan totalmente cada siete años. De ahí la importancia de informar a las nuevas células, para que vivan el ciclo sin problema alguno. ¡Cuántas enfermedades se desencadenan justo en esos momentos! La relación entre madre e hijo es siempre saludable, mientras el canal de información con el doble no esté cortado.

—¿Si hay un problema se puede cerrar ese canal?

—Se abre fácilmente en cuanto el afecto entra en juego. El equilibrio o el desequilibrio de uno de los dos conlleva el equilibrio o el desequilibrio del otro. Las manifestaciones externas o corporales no tienen por qué ser las mismas.

Me viene un ejemplo a la mente:

Un bebé tenía un eczema purulento. Su madre echaba la culpa a la leche en polvo. El padre, muy naturópata, recorría las granjas a la búsqueda de leche de yegua, pero ¡tampoco servía! Su única recompensa fue el cansancio y el insomnio. Un solo control del adormecimiento bastó para que la angustia desapareciera. Unas cuantas noches después, ante su gran sorpresa, el eczema había desaparecido totalmente.

Nadie sabe que el niño capta la angustia o las alegrías de su madre en el canal que tienen en común. Él ve los potenciales que llenan sus noches de pesadillas violentas o sus sueños maravillosos que le hacen "sonreír como un angelito," –se decía antiguamente–. Cuando no hay alegría en el hogar, el niño puede actualizar los potenciales de su madre y gemir sin razón aparente.

—¿Seguro que no queréis quedaros un poquito más? Charles y yo estaríamos encantados de que os quedarais a comer con nosotros —dice Françoise mirando a mi mujer.

—Ya ves que no quiere –suspira Aurélien–. Tiene que ir a visitar a otras personas más importantes que nosotros.

—Si predicas la mentira para saber la verdad, el futuro se arregla inmediatamente para que la verdad sea la consecuencia de la falsedad que imaginas y te pillas los dedos. Te prometo volver mañana.

—Si no consigo dormirme como es debido –dice Aurélien– será culpa tuya.

—Para esta noche, ¡pide ayuda a tu madre!

—¿Qué tengo que hacer? —pregunta la madre.

—¡Ya te lo ha dicho! –le grita su hijo– contarme un cuento antes de dormirme.

Me giro hacia Françoise:

—O sencillamente, contarle a tu doble la historia de Aurélien, porque quizá ¡él no se la cuenta bien al suyo!

Frente a la insistencia de esta familia, no pudimos rechazar la invitación. La alegría de Aurélien daba gusto ver. Con un gesto rápido levantó su brazo muy alto haciendo el signo de la victoria. ¡Había ganado!

22
SERÁ UNA VEZ...

¡Cuántos momentos agradables podríamos vivir si supiéramos crear y actualizar los cuentos maravillosos del futuro!

—¿Qué son los cuentos del futuro? ¡Venga, cuéntanos todo!

—Te puedo contar uno, si quieres.

—Te escucho —contesta Aurélien, entusiasmado.

—"Será una vez..." –digo plagiando los cuentos–, una mujer que saldrá de su casa cada mañana para ir al trabajo, girando a la derecha, calle Monotonía. Una mañana, girará a la izquierda, calle Alegría. Un poco más lejos, un automovilista no conseguirá arrancar su coche. No sabrá nunca que esa avería momentánea evitará que se vaya antes de que llegue a su altura el amor de su vida. Perdida en sus pensamientos, la mujer avanzará hacia un destino maravilloso que de momento ignorará. De repente, se parará y se dará cuenta de su desorientación y furiosa consigo misma dará media vuelta rápidamente. El automovilista podrá entonces arrancar. El cuento de hadas terminará ahí porque la mujer nunca sabrá que su desorientación no era fruto de la casualidad, así como la curiosa avería del bonito coche del guapo caballero, príncipe encantador tan amoroso en el futuro, como indiferente a los encantos de esta mujer en el presente. "Ella no será feliz y no tendrá siete hijos en el bonito castillo de la edad media en el que no vivirá."

—¡Tu historia no me gusta! –tercia Aurélien– ¿Cómo puede ella saber que ha pasado al lado de ese bonito cuento de hadas?

—El día en que visite ese castillo, junto con un marido que nunca la ha colmado de felicidad, tendrá la sensación de haber vivido en él porque tendrá en su memoria ese bonito potencial que nunca ha actualizado. Acaso se va a ver a un hipnotizador quien sacará a la luz esa historia del futuro pensando que se trata de una vida pasada. Después, ella intentará entender algo de esa historia, algo que es imposible entender sin la explicación que yo te estoy dando.

—Y si la mujer "no se hubiera" dado la vuelta –añade Aurélien mirando a su madre–, ¡quizá se hubiera topado con personas malas, armadas hasta los dientes, en vez de con tu príncipe encantador! Tendrá el miedo más grande de su vida, y nunca más podrá cantar, ni tocar el violín, que le encantará cuando ya sea vieja. Sobre todo, si tiene una madre que le envía a ver a un hipnotizador, intentando entender algo oscuro que es imposible entender de esa manera.

No hace falta ser vidente para saber que este niño habla por boca de su madre, la cual me mira con inquietud. Yo sé, que en pocas palabras, Aurélien acaba de contarnos una parte de su gran problema. Estoy perplejo:

—Si te acostumbras a contactar con tu doble, no corres ningún peligro. Basta con que tengas confianza. Una joven guapa que regresa a su casa de madrugada, luciendo un vestido provocador, puede pasar en medio de una banda de gamberros, sin miedo. Si ella dispone de un buen potencial, pasará sin ningún problema. La única dificultad es de no dudar y de mantenerse en el afecto.

—¡Sentir afecto en medio de gamberros, no fastidies! Además te pueden atacar, de repente, sin que los veas venir.

Françoise interrumpe.

—¡Por favor Aurélien! –le dice–. ¿Te molesta con sus preguntas? —me pregunta confusa.

Le hago un gesto con la cabeza para que se tranquilice, y sigo adelante:

—Si tienes un buen potencial delante de ti, no tienes nada que temer. Te corresponde a ti fabricártelo con antelación. El afecto será siempre tu protección.

—El afecto, cuando te mueres de miedo, ¡vaya rollo! —protesta el niño.

—No tienes que enviar malos pensamientos a los gamberros, ¡eso es el afecto! si no, activas tanto su violencia como tu miedo, lo cual aleja a tu doble. Toma como ejemplo un niño, quien tras haberse caído de un quinto piso, se levanta sonriente, con unos cuantos rasguños. Los padres se quedan boquiabiertos ¿Por qué?

—¡Porque rebota! —Aurélien se parte de risa.

—¡Que va! Está intacto porque no sabe que se puede morir. Hasta le gusta volar chupándose el dedo. Tiene total confianza y aceptación en la solución, que ignora. Así que no actualiza nada malo entre los futuros que están disponibles. De esta manera atrae hacia sí a su doble y el intercambio de los cuerpos energéticos conlleva una "levitación" tan fuerte, que no se hace ningún daño.

Françoise parece sorprendida:

—¿Crees en la levitación? —pregunta.

¿Cómo explicar en pocas palabras lo que me ha costado quince años entender? Hablar ahora de levitación me parece fuera de lugar. Tendríamos que hablar de energía de antigravitación y de tantas cosas que tienen que ver con el tiempo y su desdoblamiento que, delante de este niño, no me siento capaz.

23

EL SIGNO DE JONÁS

—Escribes que has tenido un encuentro excepcional y una vida "revuelta" –dice Aurélien, quien, con mi libro sobre sus rodillas, lee con su vocecita lenta pero segura–: *"En la noche del 21 de octubre de 1988, tuve la sensación repentina de que el tiempo se paraba. Me invadían informaciones alucinantes..."* Dime, ¿de dónde te venían las "informaciones"?

—¡De mi doble! Sólo que en aquella época yo ignoraba totalmente su existencia.

—¿Lo has visto?

—No.

—¡Demasiado para el cuerpo!

—Sabes, sobre todo sentí urgencia, como si nuestra ignorancia nos arrastrara hacia cataclismos de envergadura. Además entendí que vivimos el final de un ciclo solar importante, que tenía que entender esto bien para explicárselo a todos. Así, cada persona podría calmar el planeta. ¡Ya es hora, pues el signo de Jonás está ahí y nadie lo ve!

—¿Qué es el signo de Jonás?

—Es el signo transmitido a la humanidad al final del tiempo de desdoblamiento. Se encuentra ahí, en el cielo.

—¿En dónde?

—Nuestros planetas forman una especie de disco luminoso y alrededor de ellos gira una enorme luz oscura que llamamos nube de Oort.

Mira esta foto –le digo a Aurélien– es la imagen de una estrella al final de su ciclo.

Esta imagen es, en realidad, la de otro sistema solar.

—Un ciclo de desdoblamiento dura veinticinco mil años. Se reparte en doce periodos de 2.070 años. Los antiguos hablaban de seis días y seis noches que formaban la semana de la creación, antes del día de descanso del Creador. Está escrito en el libro que tienes entre tus manos. Esto corresponde al ciclo bien conocido por los astrofísicos de 25.920 años. Durante los tres primeros "días", la nube aspira el disco planetario y durante los tres últimos, lo escupe. De manera muy pedagógica, podemos decir, como decían nuestros antepasados, que la ballena se traga al pescadito para escupirlo tres días después sobre la orilla de otro mundo. En griego Jonás significa "aquél que es", es decir, aquél que se vuelve real al salir de la oscuridad. Sigue pues siendo violeta: la violeta se dice "Jon". Y desde hace tres años, se puede observar cerca de Plutón, enormes planetoides tan grandes como este último planeta de nuestro sistema solar. Imagina la conmoción que eso puede conllevar sobre el equilibrio gravitatorio del conjunto. Las fuerzas en acción son equivalentes a miles de millones de bombas atómicas. Y esto no parece interesar a nadie... por lo menos ¡oficialmente!

—¿Y tú piensas que vas a despertar al mundo? —dice Aurélien con pertinencia a la vez inquieto e incrédulo.

—¡Es mi meta! Tomando conciencia de la fuerza de nuestro doble, podemos cambiar nuestros potenciales y atraer el mejor futuro para nosotros. Igual nos quedan todavía algunos años...

—¡Ahí! Exclama el niño, ahí hay "currelo" como dice mi padre.

—Los evangelios nos dicen: ¡"Cuándo veáis Jerusalén invadida por los ejércitos, sed conscientes de que el fin está próximo!" "Habrá señales en el *sol, la luna y las estrellas... las fuerzas del cielo se estremecerán*[14]. ¿Y sabes lo que pienso de esto?

—No.

—Será más difícil hacer que llegue la paz a Israel que a cualquier otro país.

—¿Por qué?

—Hace dos mil años, antes de la última "noche", Israel vio nacer a un judío palestino cristiano llamado Yeshua. El príncipe de la luz ha atraído al príncipe de las tinieblas... y como ahora la luz ilumina el alba del "séptimo día", la oscuridad nos invade ahí donde la gran luz se nos apareció. ¡Que cada uno encienda sus linternas!

---

[14] Evangelio de San Lucas Luc 21-20/26.

24

LA INSPIRACIÓN
Y LA CREATIVIDAD

Nada más terminar la comida, Aurélien se levanta, echándose las manos a la cabeza:

—Pero papá, ¡has olvidado nuestro ensayo! Octavie va a llegar y no habré empezado. De nuevo va a venir a darme un beso.

Se gira hacia mí como si estuviera irritado:

—¿Sabes que siempre se limpia la boca antes y después de darme un beso? ¡Eso me molesta muchísimo! ¡Tiene suerte que la quiero!...

Sale corriendo y vuelve rápidamente con su violín y una partitura.

Charles, molesto, nos pide que le excusemos y nos explica brevemente que no puede aplazar ese momento tan esperado por su hijo.

Les sigo hasta el salón. Charles se dirige hacia el piano y Aurélien le sigue. Juntos se ponen a tocar con gran virtud.

Me siento maravillado y conmovido por este joven violinista, y termino por observar algunas lágrimas en sus mejillas. ¿Se siente en verdad tan emocionado por tocar ante mí? ¿Estaría mostrando de esta manera un gran talento artístico?

De repente, Aurélien se para en seco y sale del salón.

Charles se levanta, intranquilo, se excusa de nuevo y termina por explicarme el porqué de este incidente. Su hijo, debiendo tocar en público, se da cuenta, una vez más, que no se encuentra en su mejor momento.

—Pierde confianza en sí mismo, y eso le irrita. ¡Está tan preocupado por otros temas!

Algunos minutos después, los ojos secos, Aurélien vuelve con nosotros. Se echa sobre mí, los ojos de repente iluminados con un resplandor que expresa una esperanza súbita, como si se acabara de dar cuenta que yo puedo ser su salvador.

—¡Ahora te toca a ti! —me dice con aire decidido.

Le miro sorprendido, con miedo a decepcionarlo. Él se echa a reír pues adivina mi aprensión.

—¡No te pido que toques tú si no que me ayudes a tocar!

Charles prosigue, medio en serio, medio divertido:

—¿No has dicho antes que, como el pájaro en su nido, el bebé construye su porvenir desde el mismo momento de su nacimiento? Entonces, sin pensárselo, con la ayuda de un hada que le desdoblara, inclinado sobre su cuna, encontraría el arquero y el violín y toda la inspiración para tocar sobre la tierra. ¿Por qué no pensar que esa hada bienhechora podría venir en nuestra ayuda? Yo también cuento contigo, es muy importante.

Sin esperar mi respuesta, se sienta frente al piano mientras Aurélien me mira con una confianza y una certeza que no puedo decepcionar. ¿Qué más puedo hacer si no es pedir ayuda urgente a ese doble del cual tanto hablo? Le imploro interiormente:

—¡No nos dejes de lado! ¡Encuentra la mejor solución para este niño lleno de confianza!

El concierto –pues fue un concierto– sobrepasó todo lo que Charles y Aurélien podían esperar. Una vez terminado, empezaron una bonita improvisación. La emoción fue tan grande que el padre lloró como un niño mientras que su hijo me sonreía con mirada enternecedora.

De puntillas, entraron en el salón, Françoise, Lucile y una niña pequeña, y se sentaron detrás de Aurélien. A mi parecer, esa guapa muñequita rubia era Octavie. El mismo rostro grave que el joven, envuelto en unos cabellos rizados, parecía irradiar una curiosidad mezclada de impaciencia.

El siguiente cuarto de hora musical fue maravilloso, fuera de lo común.

Aurélien vino a darme las gracias, con un beso bien sonoro en cada mejilla, pero lo empujé suavemente.

—¿Cómo has hecho eso? —me dice, feliz.

—Yo no tengo nada que ver, sabes, ¡dale las gracias a tu doble! Él es el hada buena que se inclinó sobre tu cuna para darte este don tan extraordinario.

Charles miraba sus manos, extrañado:

—¡Es asombroso! Mis manos parecían independientes de mí. Yo me veía tocar, como si yo estuviera en el exterior de mí mismo, a la vez que estando aquí.

—¡Qué bonito! —exclama Octavie, todavía bajo la conmoción.

Le dio un beso a Aurélien, olvidándose, por esta vez, de limpiarse los labios antes y después. Éste estaba tan contento que se puso a tocar un aire folclórico procedente de una mezcla del baile típico de la Auvernia francesa y del "country" americano. Su padre le acompañó al piano con una loca y alegre complicidad.

Un poco de café nos repuso de nuestras emociones y Aurélien y Octavie salieron un rato.

—¿Qué piensas que ha pasado? –pregunta Charles todavía bajo los efectos de la sorpresa–. Es posible que yo haya actualizado, como tú dices, una música maravillosa, porque en verdad, ¡ha sido divino!

—Esta actualización os ha sido inspirada por los dobles. Nuestra época puede aportarnos grandes placeres porque nos pone en relación con nuestros más grandes potenciales. Por desgracia, por ignorancia, y por culpa de nuestros pensamientos, solamente actualizamos los peores.

—¿Hablas de los informadores del futuro?

—Están siempre al nivel de nuestras informaciones. Si nuestras ganas y nuestros proyectos son estupendos, atraemos los mejores y echamos a los peores. Acabamos de experimentar la prueba de ello. Todas nuestras células han sentido una intensa emoción. De todas formas, el final de los tiempos ya no nos dará la ventaja de modificar nuestro futuro a cada instante. La realidad que hemos considerado con indiferencia en la tierra al paso de los siglos, se volverá nuestra. Más les vale, a las criaturas del futuro, no manifestarse antes. Son tan sólo nuestros músicos e intentan hacerse pasar por jefes de orquesta para que toquemos su composición –viendo su gesto dubitativo, me impaciento e intento anticipar su reacción "atajando"–: "Y siempre hay algún tonto que nos dice: si existiera el más allá, sus habitantes ya se habrían dado a conocer hace tiempo. Ningún muerto ha regresado jamás para confirmárnoslo."

—Estoy de acuerdo contigo, ¡ese argumento es una gran tontería!

—Los seres, que el desdoblamiento esconde en nuestras tinieblas, nos conocen muy bien, puesto que nos han transformado, y siguen transformándonos en cuanto pueden, al tiempo que se mantienen invisibles tras las puertas de nuestros sueños. Somos marionetas esquizo-frénicas, contentas de serlo.

—¿No eres un poco pesimista?

—Al contrario, ya has visto que existe un medio de ser muy optimista. Deseo sólo que haya un gran número de personas en la tierra que lo sepan, antes de que sea demasiado tarde. El fin de los tiempos del desdoblamiento se acerca a nosotros también del pasado y, así pues, de la sustancia creadora salvadora. En griego, estar al lado (para) de esta sustancia (ousia) se decía "parousie" es decir, el equilibrio inmediato. En realidad, es sólo desde marzo de 1989, fecha de la explosión solar tan especial de la cual os he hablado, que esta "parousie apocalíptica" es posible para cada uno. Vuestro concierto ha tomado fuerzas de esta magnífica energía.

Una sorpresa disimulada se lee en el rostro de Charles:

—Si lo he entendido bien, ¡todo se encuentra en manos de ese famoso doble! ¿Piensas que él haya podido tocar en mi lugar?

—Él ha contribuido a hacerlo.

—¡Yo no estoy tan seguro! –proclama–. Es verdad que durante una improvisación yo no sé por dónde van mis dedos y no pienso en nada en concreto. Pero es verdad también, que tengo adquirida una técnica y son mis manos las que tocan.

—Nuestra competencia en nuestra realidad es un "más" pero no es indispensable en caso de urgencia. Un día, en una recta, de forma increíble, nuestro coche se puso a dar vueltas como una peonza. Me vi a mí mismo conducir como si fuera un campeón de fórmula uno, cuando nunca en mi vida he participado en ninguna carrera de coches, ni he aprendido a manejar el coche cuando gira sobre sí mismo a gran velocidad. Fue impresionante. ¿Qué te parece esto?

—Pienso –interviene Françoise con más confianza que su marido– ¡que eso también debe de ser posible al piano!

—Cuando decides no decidir más –le digo–, ya no eres el creador y el doble viene a crear en tu lugar. Entonces es normal sentirse seguro en el coche y divino al piano. Funciona de la misma manera para desencadenar las intuiciones y las premoniciones. No hay nada más sencillo, tanto es así que a todo el mundo le parece que es demasiado simple y no intenta comprobar por sí mismo lo sencillo que es.

—Pienso que para utilizar bien el doble debemos volvernos como niños, con total confianza, y pedir cada día a esa otra parte de nosotros:

"¡Que se haga tu voluntad!"

—Lo único que me "entristece" en todas vuestras historias –concluye Charles sonriente– es que, una vez más, mi mujer tiene razón.

Con cierta humildad, se acerca a ella y le pone la mano sobre su hombro.

25

LA EXISTENCIA DE DIOS ES CERTEZA, LA FE, UN ERROR EN LA INCERTIDUMBRE

Habíamos creado lazos de unión y nos era difícil rechazar la invitación a cenar. Tras darnos un beso a todos, Aurélien se fue a hacer los deberes. Después de la cena, aprovechando la ausencia de su hijo, pensamos que los padres aprovecharían para hablarnos abiertamente.

Me decido pues a hacer la pregunta crucial:

—El primer día, Aurélien me dijo que su madre tenía un gran problema...

—El gran problema ¡es él! —dice Françoise.

La siento aliviada.

—Mi hijo ya no quiere ir a la escuela –nos dice Charles fijando su mirada en nosotros–. Hay unos gamberros que llevan meses atacándole y robándole, y no sabemos quiénes son. Pero desde hace tres días, su miedo parece estar en punto muerto, sus pesadillas también y sus crisis de sonambulismo han cesado. Ya no tiene el nivel de estrés de antes, incluso va al colegio solo y ni él ni nosotros tomamos ya calmantes, pues, curiosamente, ya no estamos angustiados. Sin embargo, no nos atrevemos a hablar de ello, por miedo a que enferme de nuevo y que vomite toda la comida.

—Agradezcámoselo a nuestros dobles. Solamente esperan eso para que nos sintamos mejor y aceleremos los cambios benéficos.

Charles parece estar harto:

—¡Pero es que yo no he pedido nada! ¿Por qué quieres que le dé las gracias a otro "yo" totalmente hipotético cuando sé que yo estoy aquí, solo, y soy incapaz de ayudar a mi hijo?

—Como me dijiste, le he pedido a mi doble que encuentre la mejor solución para este problema —comenta Françoise humildemente, lo cual desencadena un gran suspiro de su marido.

—Y yo espero ver para creer –añade Charles secamente–. ¿Por qué querer siempre explicar lo inexplicable, que se trate de Dios o de un doble? Yo no creo en Dios y además estoy orgulloso de ello.

—¡Yo tampoco creo en Dios!

Charles alucina:

—¿Tú no crees en Dios?

Boquiabierto y estupefacto, lanza una mirada a su mujer quien, igual de sorprendida que él, nos interroga con su mirada.

—No hay necesidad de creer, pues es una certeza –precisa Lucile, mi mujer–. Para mí está claro que uno más uno es igual a dos, pero soy incapaz de demostrarlo, y es muy difícil hacerlo. Solamente matemáticos competentes lo han hecho. Quiero creerlos, pero no creo que uno más uno sea igual a dos, sino que estoy segura de ello, porque gracias a estos matemáticos, es digno de fe. Para ir más rápido, intenta bajar por las escaleras de cuatro en cuatro pensando que uno más uno es igual a cinco, y ¡verás el resultado en el hospital!

—Pero la existencia de Dios no se puede demostrar —protesta Charles que ha recobrado el tono de voz condescendiente del intelectual superior.

—¡Claro que sí! –digo con firmeza–. Una creación necesita un creador único en otro tiempo. No es un dogma sino una ley física. Somos criaturas bien hechas para saber que no somos únicos. Nuestro tiempo presente se encuentra pues en el futuro del creador cuyo presente es una realidad rigurosamente demostrable –antes de que Charles salga con alguno de sus argumentos preferidos, añado–: en realidad, la teoría del desdoblamiento pone en evidencia la ley del alfa y del omega que es tan vieja como el tiempo. Para los Sumerios, siete lugares separaban lo Grande de Arriba de lo Grande de Abajo. Había siete leyes divinas que unían el conjunto y siete puertas que atravesar. ¿De dónde piensas que les venía este conocimiento? ¡Ellos también tenían sus astrofísicos que llamaban magos!

—Nuestras tecnologías materiales, que no tienen nada que ver con sus armas insignificantes, provienen de leyes rigurosamente exactas –exclama Charles, que empieza a ponerse nervioso– ¿Dónde está la tecnología de tus sumerios?

Le respondo prontamente:

—"No es porque todo funciona que hay que deducir que la ley física que prueba que todo funciona, es exacta. Decir que la cifra π es un número exacto[15], cuando no lo es, bajo el pretexto que una rueda gira perfectamente, es un error. La ley que mide ese círculo no es exacta, ¡el círculo sí lo es!

—Antes, la fe no existía –añade Lucile–. Sabéis que la palabra "fe", en el sentido en que lo entendemos hoy en día, no aparece en la Biblia escrita en el griego que llegó hasta nosotros. Se trata de una mala traducción de "pistis", que significa: *Medio demostrable de inspirar confianza"*, es decir, digna de fe. Así pues en los evangelios, una mujer enferma se contenta con tocar la ropa de Jesús que en esa época le habría dicho: "Ve en paz, tu fe te ha salvado." Lo que tanto para ella como para él, no tiene ningún sentido. Sin embargo, decir "tu certeza –o tu confianza digna de fe– te ha salvado" es normal, puesto que la certeza actualiza instantáneamente el potencial correspondiente.

Añado:

—Con la palabra "pistis", no había ningún malentendido. Por ejemplo: cuando pedían un crédito, el banquero pedía a su cliente un "pistis", como garantía bancaria. Hoy en día nos es difícil imaginar a un banquero, que conceda, por fe hacia su cliente, un descubierto importante a éste ¡sólo por su cara bonita!

—El mío sí, —responde Charles prontamente.

—¡Claro! Eso es porque no tienes deudas –replica Françoise–. Además mi garantía es "digna de fe" a menos de tener mala fe.

Como única respuesta, el marido levanta sus ojos al cielo y suspira. Dirigiéndome a él, le digo:

—Aquello que era digno de fe, se volvió fe misteriosa cuando la Edad Media impuso una creencia dogmática al tiempo que se alejaba de las normas universales. "El dinero no puede haceros felices, ¡dádnoslo!". Esto se volvió el motor principal de toda la jerarquía espiritual que perdía toda credibilidad, tomando las riendas de lo que llamaron "poder temporal".

---

[15] Un círculo de radio R tiene como circunferencia $2\pi R$ en dónde $\pi = 3,14159...$ Ese resultado no es exacto, puesto que π no lo es. Sin embargo una rueda perfectamente redonda tiene una circunferencia exacta.

No podemos ignorar el hecho de que la ciencia ha sido barrida por el viento del olvido y la tempestad del oscurantismo –intentando convencerle, añado–: el Libro Egipcio de los Muertos nos dice que: *"El principio de la vida fue el acto de desdoblamiento de la unidad principal en dos principios opuestos equilibrados* (es decir, pasado y futuro), *los cuales engendran una nueva vida* (es decir, el presente)."

Charles no parece sorprendido, al contrario, añade:

—Platón también escribió en Timeo/Critias: *"Entre el ser indivisible y que siempre es el mismo* (es decir, lo que llamáis pasado) *y el ser divisible que se hace cuerpo* (es decir vuestro futuro), *hizo con la mezcla de los dos primeros una tercera clase de Ser* (vuestra definición del presente)."

Estoy de acuerdo:

—Esa idea de pasado, presente, futuro, la encontramos en el Apocalipsis de San Juan: *"Yo soy el Alfa y el Omega –dice el Señor Dios–, "Él es, Él era y Él vendrá".* "Esto retoma las palabras de Platón cinco siglos antes: *"Se trata de divisiones del tiempo.* Claro que decimos que *"Él era"* y que *"Él es"* y que *"Él será"*, pero, a decir verdad, solamente la expresión *"Él es"* se aplica al Ser que es eterno[16]."

—Sí, pero –sigue para gran sorpresa mía–, fueron los egipcios los que enseñaron a Platón la separación o desdoblamiento de los tiempos de un creador único: *"Yo soy el ayer y yo conozco el mañana... El ayer me dio a luz; hoy en día, creo los Mañanas... Cuando desde la otra orilla, veré al Otro Yo...*[17]".

Esboza una sonrisa a la vez que lee en mi rostro mi asombro.

—¿Sabes de dónde extraigo mis informaciones? –pregunta– ¡de tu libro! Y también podría añadir que antes de Platón y conocido por su famoso teorema, Pitágoras habló de "tríada", lo que incluye la Mónada del Dios Único, lo Cuaternario de las criaturas y el Septenario de los dobles. Encontramos tus siete tiempos, los cuales, en la teoría del desdoblamiento, separan el pasado del futuro con el cuarto tiempo como presente[18]. Si piensas que no he leído vuestro libro ¡te equivocas! Más tarde, los cristianos predicaron la divina trinidad, Padre, Hijo y Espíritu Santo,

---

[16] Timeo-Critias de Platón. Ed. Flammarion 1992. En griego las divisiones del tiempo se traducen por Ora (Ωρα).
[17] El libro Egipcio de los muertos por Lara Peinado Ed. Sirio
[18] Ver anexo del libro "Cambia tu futuro por las aperturas temporales".

sin embargo, sin situar a la humanidad con relación a esta definición, confundiendo Dios e Hijo del Cielo –al tiempo que habla, abre mi libro y se pone a leerlo, tal y como hizo anteriormente su hijo–: "Hoy en día existen todavía algunas tribus africanas que hablan de su doble. Los aborígenes australianos utilizan su "imagen" para viajar en los sueños."

Tras haber esperado a que su padre terminase de hablar, Aurélien entra en el salón:

—Ellos sabían que *"Dios hizo al hombre a su imagen".* Y yo sé por qué es una imagen –añade jovial–. "Ana" es el desdoblamiento[19] porque la letra "a", en griego, corresponde al número uno, y el creador es el *primero.* La "n", es una bifurcación que desdobla el uno en dos unos, sin saber por qué, sólo porque tú lo dices. El doble es también "ana-g-elos", porque la "g", que ya no sé lo que es, pero sé que no se trata para nada de un ángel. Y el "hombre" es también un "ana" algo, en griego, lo cual te permite decir que no es un hombre como nosotros –me echo a reír, pero él sigue adelante–. Me puedes explicar mejor, voy a intentar entenderlo.

—¿Para qué? ¡No te va a servir de nada!

—Mi padre siempre dice: "que la ignorancia es servidumbre y el conocimiento libertad," ¿verdad papá?

Ante nuestra gran sorpresa, el padre echa una sonora carcajada, que se hace contagiosa.

El niño se gira hacia mí:

—¡Venga! En vez de reírte sin sentido, explícanos lo del "hombre a su imagen", mi padre no ha podido hacerlo.

—El Antropos, que en griego significa "El hombre", es el borrador del Ana-g-elos[20] al final de los tiempos. En efecto, el ana-g-elos del tercer tiempo (en griego: g =3) se vuelve en el noveno tiempo (en griego: th=9) el Ana-th-ropos porque "ropos" quiere decir el borrador o la pacotilla que se perfecciona en cada final de los tiempos.

Satisfecho, y obedeciendo a su madre, Aurélien se va a terminar sus deberes.

---

[19] En griego, ana es el desdoblamiento del a=1 con la bifurcación n (nu=v). Es lo muy elevado, lo inaccesible, el Creador; ana-b (b=2) es el 2º desdoblamiento que hace las criaturas; ana-g (g=3) es el desdoblamiento de la criatura, o un enviado (elos en griego, el en hebreo) del Creador en el futuro, o sea ana-g-elos que significa "mensajero del tiempo" y no el ángel misterioso con su significado actual.
[20] Ver nota anterior.

26

LA PÉRDIDA DE LA INMORTALIDAD Y EL REGRESO DEL HIJO PRÓDIGO

No nos sorprende ver volver a Aurélien, poco después, en pijama, con cara de pocos amigos.

—Hacéis demasiado ruido –grita refunfuñando–. No puedo estudiar y además, tengo una pregunta que me da vueltas en la cabeza desde hace un rato: si en verdad existe algo en otra parte, que me permite ser inmortal, entonces: ¿qué hemos hecho de nuestra inmortalidad?

Esta pregunta tan seria en boca de un niño de diez años, nos deja bastante perplejos.

—Ya no somos inmortales –le digo– porque gastamos una broma terrible al principio del ciclo, hace veinticinco mil años.

—¿De qué broma hablas? —pregunta el joven, con bastante más curiosidad que su padre.

—¡Una broma mortal! –contesta Lucile–. Es Adán y Eva[21].

—Esa broma mortal, ¿es el pecado original? —pregunta Françoise.

—Sí, es el conocido "pecado original", pero en el sentido griego de "potencial futuro desastroso" del cual os hemos hablado. Ese mismo potencial que os molesta en este momento, a pequeña escala, con Aurélien, pero que también perturba a todo el planeta –como leo el escepticismo

---

[21] Ver anexo. En griego: Adán es el desdoblamiento del α en el 4º tiempo ($\delta=4$) para obtener el mejor presente m entre el pasado alfa y el futuro omega, o sea Adán. En el octavo tiempo ($\eta=8$) un segundo desdoblamiento ($\beta=2$) da hébé, o sea Eva.

en el rostro de Charles, preciso–: el futuro de los dobles es mortal puesto que no se beneficia de los intercambios de información con el Creador durante los veinticinco mil años del desdoblamiento. Ninguna criatura se aventura allí: el mineral, vegetal y animal se desarrollan en él sin otra información que la de los dobles que se interesan por ello. La criatura que lo visita durante este ciclo, modifica su futuro como ella quiere, como un creador, pero corre un gran riesgo. Nosotros lo hemos corrido y sabemos de primera mano, que, de nuestros días, la inmortalidad no pertenece a nuestro mundo.

Françoise interviene.

—Entonces, dime, ¿para qué sirve un planeta como el nuestro?

—Una criatura inmortal tan sólo viene al final del desdoblamiento de los tiempos, ese famoso ¡"final de los tiempos"! Dispone de mil años entre dos ciclos[22], sin embargo, no puede vivir allí sola.

—¿Por qué? —pregunta Charles con bastante más interés que el que demuestra.

—Dejando al doble en el pasado para explorar el futuro peligroso, un inmortal deja de tener una información personal de su porvenir. ¿Cómo poder seguir siendo inmortal, sin un futuro, que le permita una anticipación indispensable? No más instintos, no más intuiciones, no más premoniciones. La única solución es la de encontrarse con otro inmortal que quiera vivir en el futuro. Este cómplice sustituye al doble. La broma sólo se puede hacer a dos: Adán y Eva fueron los primeros en hacerlo. El problema se complica rápidamente pues los cómplices del principio se vuelven desconocidos y a veces enemigos al final, lo que los antiguos llamaban demonios o ángeles caídos, que nos fabrican futuros infernales.

—Nosotros también –prosigue Lucile–, hemos hecho como ellos, sólo que no sabemos quién es nuestro Adán y nuestra Eva. Para rehacer nuestra unidad al final de los tiempos, debemos destruir los futuros peligrosos que hemos creado. Para ello, debemos encarnarnos en el presente dejando nuestro doble en el pasado. Esta encarnación nos hace tomar el cuerpo de un mortal.

—¿Cómo es eso?

—En la tierra, fue el cuerpo de un "mono". Podía haber sido el de un delfín o el de un animal juzgado digno de hacer evolucionar una criatura.

---

[22] Ver capitulo II.

"Darás a luz con dolor y ganarás tu pan con el sudor de tu frente", dice el Creador a los culpables. Como nosotros también hemos gastado la misma broma, ésta es la única manera que tenemos de borrar la "leonera" que hemos construido en el futuro, una gran leonera que nos impide volver al reino en el que nos encontrábamos" –leyendo el escepticismo en el rostro de Charles, añado rápidamente–: Es el tan conocido paraíso que se opone a los infiernos del futuro, allí dónde viven los que llamamos ahora entidades o espíritus del mal. Eso nos conforta pues pasamos el tiempo dudando de su existencia.

—¡Eso es lo que hace papá! Él dice que todo eso no existe.

La respuesta de su padre no se hace esperar:

—Reconoce, Aurélien, que es difícil pensar que el futuro sea una realidad imperceptible pero tan real como la nuestra.

—Sin embargo, deberíamos conocer y modificar ese futuro antes de ser invadidos al final de los tiempos por aquéllos que lo fabrican. Ya ha habido invasiones peligrosas. Son los famosos dioses de los que hablaban nuestros antepasados.

Charles interviene, cortante, con aspecto bastante perturbado:

—¡Basta! Vais a terminar convenciéndome.

—Ya me gustaría –añade el niño–. Así verías lo que yo veo y podrías ayudarme a hacer desaparecer todo lo que me molesta.

—Deberías considerar –le dice Lucile a Charles–, que en nuestro intento de rehacer nuestra unión con nuestro doble, seremos los invasores de un mundo de luz que nos considerará como habitantes de sus tinieblas. A ellos también les costará acogernos felizmente. ¿Conocéis la parábola del hijo pródigo en los evangelios?

—Me he dado prisa en olvidarlo, contesta Charles, quien, como todo intelectual salvaje, sabe esconder lo que no conoce o lo que no quiere memorizar.

—¡A papá no le gustan para nada las historias que hacen soñar!

—¡El padre mata el novillo cebado cuando regresa el hijo pródigo! –le dice su madre quién hasta ahora, no ha osado tomar la palabra–, y su hermano que se quedó en casa del Padre, siempre obediente a sus órdenes, se volvió celoso. Pero el padre le dijo: "hijo, tú siempre estás conmigo, y todo lo mío es tuyo, pero convenía celebrar una fiesta y alegrarse, porque este hermano tuyo estaba muerto, y ha vuelto a la vida; estaba perdido, y ha sido hallado."

Charles se queda boquiabierto.

Aurélien se gira hacia nosotros satisfecho y feliz.

—Me gusta mi madre cuando cuenta historias, ¡es genial! Con un hijo único como yo, mi padre no ha matado nunca el novillo cebado. Él prefiere la vacas delgadurrias. ¡Régimen por aquí, régimen por allí! No hay de qué alegrarse. Debería intentar el tema del hijo prodigo. ¡Ah!, a todo esto ¡quizá el problema de mi madre sea ése!

—¿Qué quieres decir? —su madre se inquieta.

—¡La ausencia de novillo cebado en casa! Yo también me moría de miedo y he vuelto a la vida por vuestra culpa –nos apunta tímidamente con el dedo a mi mujer y a mí, antes de volverse a dirigir a su madre–: en vez de celebrar una fiesta y alegrarnos, papá me manda ir a hacer los deberes a mi habitación mientras tú le cocinas "rico, rico".

Tras este comentario, Charles mira para otro lado, mientras nosotros "atendemos" nuestro plato, para no tomar partido.

—¡Tienes razón! –exclama su madre levantándose bruscamente, como furiosa. Sin decir palabra, se va a la cocina y vuelve con un plato, un vaso y cubiertos, que pone delante de Aurélien–: tú eres el hijo que vuelve, ni siquiera eres hijo pródigo, tú eres el hijo querido que viene a festejar con nosotros mientras que tu padre espera a ver si Dios existe en su cabecita.

—¡Es una buenísima idea! Perdonadme, debo hacer una llamada urgente. Regreso en un par de minutos.

—¿Una llamada urgente a esta hora? —se extraña su mujer.

Sin otro comentario, se levanta, deja su servilleta sobre la mesa, y con una leve sonrisa hacia su hijo, sale con paso decidido, dejándonos en una gran incertidumbre en cuanto a sus intenciones. Es Aurélien el que rompe el silencio.

—No te preocupes, mamá ¡si no, actualizarás un futuro que te va a probar que tienes razón de preocuparte! Más bien sírveme el festín del pródigo que soy —añade con cara de pillo.

Poco después Charles vuelve, con un sombrero sobre su cabeza y una nariz de payaso. Sostiene una botella de champagne francés, una más pequeña de soda chispeante y una caja de zapatos que deja sobre la mesa.

—La investigación policial ha dado sus frutos. Los dos agresores han sido arrestados. Según el inspector con el que acabo de hablar por teléfono, Aurélien ya no corre ningún peligro. No tengo novillo cebado, pero tengo esto –se sienta y le entrega la caja a su hijo–: pensaba dártelo mañana, pero como Dios ha venido a darnos un empujoncito esta noche, ¡aquí tienes!

Quita la tapa. Un cachorrito levanta su naricita y nos mira con miedo. Demasiado emocionado para decir palabra, el niño lo toma en sus manos, lo aprieta contra su corazón y va llorando a abrazar a su padre:

—Habías dicho que no habría nunca un perro en casa.

—No, siempre te he dicho: "¡que sería inaudito tener un perro en casa!" Así que lo he llamado "Inaudito".

Aurélien se echa a reír, expresando su alegría sin límites.

—Pienso –le dice su padre sin querer mostrar su emoción–, que el único potencial de ese bichito hoy en día, es el de hacerse cacas por todos los lados, así que ¡vigílalo!

27
PARA AYUDAR A LOS DEMÁS ES PRECISO SU CONSENTIMIENTO

A la mañana siguiente, un bonito cielo azul, un sol radiante y un cachorrito travieso, nos esperan junto a Aurélien y Octavie. Tímidamente, la niña se gira hacia mí:

—Aurélien no ha sabido contármelo todo, ¿qué es lo que tengo que hacer, o no tengo que hacer, para estar segura de viajar como un cohete durante la noche...?

Este último añade, burlón:

—¡Ataros los cinturones y enderezad vuestro asiento!

Antes de que termine, le advierto.

—Cuidado, no te burles de lo que no conoces. Hoy en día, ese viaje es sencillo pero la de-corporación es peligrosa y los obstáculos son muchos. Sin embargo, estos últimos se resumen en tres palabras: voluntad, duda y miedo.

—¡Que se haga tu voluntad! –exclama Aurélien–. Ya sé, no hay que rezar para obtener algo, pero ¿por qué la duda es un obstáculo?

—La duda es también la incertidumbre, la perplejidad, el titubeo, la reserva, la prudencia, la reticencia, la incredulidad, la suspicacia, la inquietud, etc.

El joven protesta:

—¡Ah, no! No nos vas a enumerar cada uno de los sinónimos del diccionario. No estamos en clase.

—Es sólo para demostrarte que la duda se cuela por todo. Te deja suponer que tú eres el único que puede encontrar la mejor solución a tus problemas, puesto que dudas de todo, o sea también de tu doble, que de esta manera abandonas. Al revés, tu certeza en cuanto a su eficacia, lo hace todavía más eficaz. El miedo es también el temor, la angustia, la aprensión, la tensión, el terror, la emoción, las fobias, la inquietud, la ansiedad, el desamparo, el extravío, la preocupación, el espanto...

Esta enumeración aburre a Aurélien, quien suspira:

—¡Oye! Vas a empezar de nuevo ¿o qué?

—Esto también es para que entiendas lo que nos cuesta aceptar una solución diferente a la nuestra. Un enfermo desea curarse, un pobre, enriquecerse, un deprimido, alegrarse, un sin-zapatos, calzarse, un sin-casa, tener alojamiento, un desprovisto, abastecerse, etc. ¿Es éste el deseo preconizado por el doble? A veces imponemos nuestra solución porque nos parece la menos angustiosa, no nos damos cuenta de que puede no serlo. Es pues, peligroso pedirle a nuestro doble que nos evite los futuros peligros.

Mi pequeño interlocutor parece muy preocupado:

—Yo siento venir los peligros, y me da miedo.

—Si rezamos por miedo al mañana, activamos todo lo que nos da miedo, alejamos a nuestro doble y con él toda tranquilidad y seguridad.

Octavie no está de acuerdo:

—Sin embargo, cada día, miles de millones de personas que tienen miedo a la guerra ¡se reúnen para rezar por la paz!

—Y lo que obtienen es guerra, puesto que rezan por miedo a la guerra. El futuro les enviará la prueba de que tienen razón de tener miedo, haciéndoles actualizar catástrofes. Pedir y aceptar con toda confianza la solución de nuestro doble es la única oración válida para obtener el mejor futuro. Solamente los musulmanes rezan en grupo sin indicar un objetivo. De esta manera dejan a Alá y a su profeta la elección de lo que "ya está escrito" en el futuro, y se olvidan de que todo puede ser borrado.

—¡Insha Allá! —concluye Aurélien, orgulloso de su respuesta.

—Lo que no debemos olvidar, es que la soledad es el mejor escudo contra el parasitage. El pensamiento sólo modifica el futuro mientras que la palabra modifica el pensamiento de los que os escuchan. Enseñar una verdad no perturba a nadie, rezar en comunidad modifica y puede turbar el potencial de todos. Jesús, que era a la vez judío, palestino y el primer cristiano...

A Aurélien le sorprende descubrir esta realidad:

—Con un pasaporte así, le costaría vivir hoy en día.

—Jesús enseñaba en las sinagogas y luego se iba al monte a rezar solo. Curiosamente, contrariamente a su ejemplo, los cristianos se reúnen a rezar en las iglesias, a menudo para pedir que sus deseos se hagan realidad o piden ayuda para aquéllos que no les han pedido nada.

Octavie se sorprende, abre sus ojos como platos:

—¿No puedo ayudar a Aurélien si él no me lo pide?

—No debemos nunca utilizar nuestros sueños para ayudar a alguien sin haberle pedido permiso.

—¿Por qué?

—Porque puedes modificar su futuro y, sin la aceptación de Aurélien, tú te haces responsable de sus modificaciones y de sus consecuencias.

—Si el futuro que ella fabrica –comenta Aurélien– es mejor que el mío, entonces ¿ella es responsable de la mejora?

—¿Cómo sabes que es mejor? Sólo tu doble lo sabe.

—Pero Octavie sabe que yo estoy de acuerdo en que me ayude a estar bien.

—Para que estés bien, tus pensamientos deben cambiar. Si cambian debido a Octavie y no a ti, tu problema seguirá estando ahí, y además se puede agravar. En ese caso, debes saber que tu cambio es debido a Octavie y no a ti. Si no, una vez que te hayas curado, sentirás la tentación de imponer tus ideas bajo pretexto que te han aportado la solución. De esa manera puedes promover mentiras que el futuro necesita, para vivir como él desea.

—¡Pero, bueno! ¡Tengo que poder ayudar a los que necesitan ayuda!

—Para ayudar a alguien, ya te lo he dicho, basta con que pienses en hacer a los demás lo que te gustaría que ellos pensaran en hacerte a ti. Es la única regla que te libera de todos los males futuros y que no conlleva tu responsabilidad en desórdenes futuros. Esta liberación te permitirá al final de los tiempos, poder reunirte con tu doble. Antiguamente se decía que de esta manera, no moría esa parcela creadora que está en ti. En el antiguo griego, la muerte de un inmortal se decía "moros" y la ausencia de muerte, "amoros", es decir el verdadero "amor" divino que desea –y que así pues fabrica en el futuro– la inmortalidad de todas sus criaturas. No se trata del amor del que todo el mundo habla. "Amaros los unos a los otros" es una ley energética que nos entrega la llave de la inmortalidad. Y Yeshua, el arameo, que nos dio esta ley vital universal es, por ello, el más grande de los sabios.

Aurélien abre desmesuradamente los ojos:

—Según tú, ¿el amor es una ley física?

—¡Cuidado! El "amoros" es una ley, el amor un sentimiento. Puedo detestar a una persona detestable y tener pensamientos de amoros (lo que de ahora en adelante llamaré: benevolencia) hacia ella. Por ejemplo, no me gusta un asesino, pero puedo pensar (o no pensar) en hacerle lo que me gustaría que él pensara (o no pensara) en hacerme. De esta manera evito toda idea de venganza. El Amoros (benevolencia) no es el amor, pero conduce a él, eliminando todo pensamiento de odio y así pues desencadenando la compasión. Permite el intercambio de los mejores potenciales. Es la regla de supervivencia del universo. Debes seguirla si no quieres que tu doble sea desintegrado y que tú, con él, os volváis energías perdidas. El odio y los pensamientos que éstos engendran conducen a un futuro potencial destructor que puede conllevar la muerte (moros) de tu doble.

Françoise, que se había mantenido en silencio hasta ahora, interviene:

—Entonces, ¿Por qué no ayudar a todos los que ignoran todo esto?

—¡Porque no te están pidiendo nada! Si nuestros pensamientos fabrican futuros interesantes en la benevolencia, entonces, aquellos que los utilicen vivirán bien. Para que tengan acceso a ellos, basta con que ellos también estén en la benevolencia. ¡Es la sola y única regla válida que da libertad a todo el mundo!

—Y si la persona que quiero ayudar se encuentra en coma, ¿qué puedo hacer? ¿Renuncio a todo?

—Claro que no, sin embargo, en cuanto la persona salga del coma, es preciso avisarle de la ayuda que le hemos dado, sin su consentimiento.

—¿Quién no querría ser ayudado?

Me viene a la memoria una historia sorprendente.

—Un hombre se estaba muriendo en el hospital debido a una leucemia galopante. Estaba con respiración artificial. Los médicos no le daban ninguna esperanza de vida. Una amiga que tenemos en común vino a pedirnos ayuda. Su sorpresa fue grande cuando vio que en tres días el estado del enfermo había mejorado mucho. Cuándo a iniciativa nuestra, le comentó a su amigo el cómo y el porqué de su recuperación, ¿sabes lo que le contestó?

—¡Muchísimas gracias!

—¡Para nada! Se puso muy furioso y dijo: "¿Quién es el c... que me ha hecho esto?" Hay que saber que el sida acababa de llevarse a su hijo y que quería ir a reunirse con él. Su curación no era para nada bienvenida. Tras haberse curado del todo, murió un año después, tras una parada cardíaca, sin rebelarse, iba a decir: curado. Ayudar a alguien sin pedirle permiso es muy peligroso porque tomas a tu cargo los potenciales de la persona que estás ayudando.

—Antes has dicho que una madre lo puede hacer para su propia madre o para sus hijos ¿no?

—Exactamente, a condición de que sepa lo que está haciendo. Cuántas madres enferman a sus hijos o los vuelven esquizofrénicos, sin saberlo, ¡sólo por las informaciones del futuro que no saben controlar!

—¿Por qué las informaciones del futuro son siempre peligrosas?

—Son la consecuencia de nuestras mentiras, críticas, calumnias, juicios permanentes, que actualizamos sin reflexionar. Nuestros pensamientos desajustados crean en el futuro materia para demostrarnos el buen fundamento de nuestras envidias. Debemos pues desconfiar de las intuiciones que nos pueden llegar de nuestro futuro. No son seguras y vienen con apariencia de verdad. En cambio, nuestro doble no tiene ninguna razón para mentirnos o extraviarnos puesto que le fabricaríamos inmediatamente un futuro potencial peligroso e inútil.

—Sí, pero –advierte Octavie–, si no tiene las informaciones adecuadas acerca de nosotros...

Aurélien le corta la palabra:

—¡Si está mal informado es porque tú le has informado mal!

Le interrumpo:

—¡También puede ser que ignores tus verdaderos problemas! En cualquier caso, si él no te conoce bien, porque tú no te conoces bien, te dará intuiciones incomprensibles y arreglará tu porvenir sin tener en cuenta tu vida. Podrías padecer las consecuencias.

—Pero entonces, ¿qué es lo que tenemos que hacer? —dicen todos al unísono.

—Guiarle a través de nuestros agradecimientos. Si le damos las gracias, él se da cuenta que va por el buen camino y no duda en seguir adelante con lo que ha empezado. Para eso hace falta conocerse bien y no dar las gracias por algo que creemos bueno. Por otro lado, dar las gracias por adelantado, haga lo que haga, es peligroso. Eso podría actualizar un potencial doloroso, difícil de soportar. Si además, consideráis el dolor físico o psíquico como un don de Dios, agravaréis la situación.

—¿Por qué?

—Hacernos sufrir no es para nada la meta de nuestro doble, el cual desea crearse un potencial agradable. Para él como para nosotros, el sufrimiento no conduce a nada bueno y no puede en ningún caso ser puesto sobre un pedestal. Sufrir para vivir mejor es una estupidez inculcada por el futuro, nunca por nuestros dobles.

—Difícil, difícil –suspira Octavie–. Desestabilizas muchas cosas.

—Hay un buen punto de referencia. Un equilibrio es sólido cuando éste permite construir un futuro sin peligro para los demás. El cambio de nuestros pensamientos es pues más importante que el restablecimiento de nuestro cuerpo.

—Ves –dice Aurélien a Octavie–, ya te lo había dicho: los pensamientos ¡Es súper fuerte!

—A menudo es difícil de cambiar pues las mentiras están muy arraigadas en nosotros debido a un parasitage excesivo del futuro durante nuestros sueños.

—Si los sueños son mentiras –dice Octavie– quizá Aurélien no sea mi novio, porque yo sueño con estar con él. Con tus historias, tengo la sensación de estar encerrada por el futuro y estoy perdiendo coraje.

Aurélien se queda boquiabierto. Su madre y yo nos reímos de buena gana, y eso no le gusta.

—¡Eso no tiene gracia! Ella tiene razón. Tantas personas mayores se confunden y luego se separan, ¿por qué no nos puede ocurrir eso a nosotros? Además, ¡todavía no estamos casados!

Al borde de las lágrimas, sale de la habitación pegando un portazo. Octavie se levanta.

—Le voy a explicar lo que él me ha explicado y que ha olvidado —dice con su vocecita y con aire muy serio.

—¿Qué es lo que ha olvidado? —pregunta la madre de Aurélien.

—Me ha dicho que si me pongo furiosa, fabrico en el futuro una rabia más grande para mostrarme que mi pequeño enfado era justo. Si más adelante, estoy muy furiosa, fabrico en el futuro una enorme rabia para mostrarme que mi gran rabia era todavía más justa que la pequeña. Así que voy a ir a hablar con él antes de que fabrique una enorme rabia, tan grande como él, ¡porque sé que es mi novio para siempre!

Esperamos su salida en silencio, antes de expresar nuestra emoción con una risa que deja entrever una infinita ternura.

28
LAS DOCE PUERTAS DEL ZODÍACO

Apenas acaba de salir cuando Charles vuelve a entrar en tromba. Tras un saludo rápido, comenta con su mujer un hecho cuya inquietud no puede disimular.

—Quieren que Aurélien venga a reconocer a sus agresores.

—Pero, ¿por qué? —pregunta Françoise.

—Esos "cerdos" lo niegan todo –siento a Charles lleno de dudas–. Aurélien no puede verlos, le va a causar una recaída. ¡Era demasiado bonito para ser verdad!

—¡No pienses nunca así! –protesta Lucile–, si no, el futuro te demostrará que tienes razón en pensar que es demasiado bonito para ser verdad. ¡Tienes que borrar ese pensamiento!

—¡No conocéis la sensibilidad de Aurélien!

—Sí, la vimos cuando tocó el violín. De todas formas, él no debe cosechar un miedo que no le pertenece bajo pretexto que vosotros tenéis miedo de que él tenga miedo.

—Tengo que verme esta tarde con el inspector –añade Charles, poco convencido–. Mañana a mediodía veremos si Aurélien aguanta el *"choc"* y si, debido a ello, disminuyen las explosiones solares, si no se derrite el hielo de los polos, si los ejes de la tierra no basculan. A la espera... —interrumpe su discurso y suspira profundamente al tiempo que me mira con cara burlona.

Nos despedimos de todos, dándoles las buenas noches.

Al día siguiente, una llamada de Charles nos alegra el corazón.

—He puesto champagne francés en el frigorífico, ¿podéis venir a tomar el aperitivo? Tengo una muy buena noticia y me gustaría excusarme por.... digamos que, por mi pesimismo.

Poco después brindamos a la salud de Aurélien quien reconoció a sus agresores sin demostrar el más mínimo miedo. Lo ha conseguido, su madre está radiante y su padre entonando el "mea culpa".

Mientras las mujeres se van a la cocina, este último aprovecha que estamos cara a cara para, por fin, expulsar al intelectual superior que duerme en él:

—Ayer me dijiste que debo borrar mis pensamientos pesimistas. ¿Cómo puedo hacerlo? No quisiera, por ignorancia, ser la causa de una recaída de Aurélien.

—No te preocupes, todos los futuros no están disponibles al mismo tiempo. Aurélien todavía tiene recursos. Los potenciales están almacenados en doce espacios diferentes. Es el movimiento de los planetas de nuestro sistema solar el que regula la apertura de las doce puertas: has leído probablemente en nuestro libro que las informaciones anticipativas provienen de doce espacios planetarios que, agrupados de dos en dos, separan los siete tiempos del desdoblamiento[23] –viendo el aire dubitativo de Charles, añado–: acuérdate, los griegos decían que cada uno de esos espacios era un servidor de la vida, o sea: zoi-diakonos o zodíaco.

—¿Cómo podría estar a mi servicio un espacio?

—Existen tiempos de apertura y cierre que nuestros antepasados conocían bien y que estudiaban a partir del movimiento de los astros.

—¿Estás hablando de las tablas astrológicas o zodíaco?

—Sí, claro. Como ya sabían que con el paso de los milenios, nos creeríamos unos monos sabios, subiéndonos a los árboles –digo en broma–, nos dejaron una pedagogía sencilla con doce constelaciones que se muestran en el horizonte de la órbita terrestre: Aries, Tauro, Cáncer, Leo, etc... Entendemos el mecanismo de estas tablas antiguas que fueron establecidas en función de una ley científica rigurosa. Permitían encontrar los momentos más favorables para lo que quisiéramos emprender, en relación con los potenciales disponibles.

---

[23] Ver anexo del libro: "Cambia tu futuro por las aperturas temporales."

—¿No has dicho antes que este entendimiento ya no vale desde marzo de 1989, puesto que todas las puertas están abiertas?

—Todas las informaciones válidas están a nuestra disposición de continuo.

—O sea, que la astrología es inútil hoy en día.

—No, al revés. Bien entendida, nos permitiría conocer nuestras debilidades y nuestras cualidades en función de la hora de nuestra fecundación y la de nuestro nacimiento. Si supiéramos tener en cuenta nuestros orígenes zodiacales, nos volveríamos más eficientes y nuestra asociación con otras personas sería más juiciosa. Pero ¿quién conoce estas fechas con exactitud? Antiguamente, los niños eran procreados a una hora en concreto elegida por los magos, y, además, el parto era natural.

—Ya sabes que hoy en día, rara vez se da a luz en fin se semana. Los médicos y las comadronas están de vacaciones e intentan modificar la fecha de nacimiento. ¿Cómo tomar la hora de nacimiento como valor seguro para tu astrología? ¿Quién, hoy en día, usaría las tablas astrológicas antes del acto de procreación?

—¿Por qué no probar? ¿Piensas que un doble no es capaz de enviar una intuición a los padres, a la comadrona y al mismo bebé?

—Sería lógico, estoy de acuerdo contigo.

29

TRES DÍAS DE EQUILIBRIO, CUARENTA DÍAS DE ESTABILIZACIÓN

Casi escandalizado, Charles exclama:

—¿No me digas que crees en los horóscopos? ¡Si no hay nada científico en ellos!

—En griego –le digo–, "Ora" significaba la división del tiempo y "scopos" el blanco. El horóscopo era el "ascendente", emanación del "Hombre" hacia el hijo del hombre. Debía ser consultado cada día pues las tablas indicaban las reglas que se debían respetar para recibir las informaciones del pasado y del futuro.

—¿No es automática esa recepción?

—No, depende de la duración de las aperturas del tiempo que siempre deben ser imperceptibles por nosotros, para darnos la sensación de no existir. En el tiempo ralentizado de nuestro doble, cada una de ellas no sobrepasa tres días de nuestro tiempo. Sin embargo, cada una de las nuestras corresponde a cuarenta días en el futuro. Esta ley universal es fundamental.

—¿Existe una relación entre esos cuarenta días y la cuaresma? —pregunta Charles intrigado.

—Sí, claro. Uno de nuestros pensamientos fabrica inmediatamente en el futuro cuarenta días de potencial. Por suerte, ese futuro no se puede utilizar inmediatamente.

—¿Por qué dices "por suerte"? Sería mejor tener siempre todo, de inmediato.

—Un pensamiento fabrica un futuro que no puedes actualizar inmediatamente.

—Si me hago una pregunta, el futuro encuentra la respuesta en menos tiempo que el que necesito para formularla. ¿No es eso lo que nos has contado?

—Sí, pero no se encuentra disponible inmediatamente. Mientras tanto, debes de encontrar otra en un potencial ya existente. Por eso, la solución está a menudo mal adaptada a tu problema. Entonces la rechazas y olvidas el pensamiento que, habiéndolo desencadenado, siempre da sus frutos. Buenos o malos, verdes, maduros o podridos, estos últimos serán recogidos más adelante por vosotros o por quién tenga un pensamiento semejante.

—¿Cómo puede ser que transcurra un tiempo entre la pregunta y la respuesta?

—Es una protección. Si fuera posible fabricar y actualizar inmediatamente un futuro, nuestra responsabilidad sería terrible.

—¿Por qué?

—A través de nuestros pensamientos, creamos peligros, sin saberlo. Por ejemplo, agredes a una persona que te empuja en la calle. La "cara que tiene" te da ganas de matarlo. Instantáneamente, un futuro asesino se construye en tus aperturas temporales.

—¿Qué importancia tiene, puesto que no mato a nadie?

—Puedes ser responsable de una desgracia. Imagínate que un desconocido arremete en la calle a un peatón que le empuja y que como tiene "tanta cara" le entran ganas de matarle. Esta historia, parecida a la tuya, le da inmediatamente acceso al futuro que has creado. Le vienen a la mente nuevas ideas que sin ti no hubiera tenido. Si él mata al peatón ¿quién es el responsable?

El padre de Aurélien se da por fin cuenta de la fuerza de un pensamiento olvidado, y su rostro se crispa aún más:

—Tu idea es ¡completamente infernal!

—Y ¡demoníaca! Si te atreves a decirlo. El infierno del futuro está lleno de malas y a menudo peligrosas intenciones. En la televisión un periodista cuenta este asesinato, esta barbarie te revuelve el estómago, pero no se te ocurre pensar que eres co-responsable del mismo, y que juzgando al criminal, te juzgas a ti mismo.

—Si nadie pensase en matar, ¿nadie podría matar?

—No es tan sencillo. Si nadie hubiera pensado en matar desde hace veinticinco mil años, no existiría ningún potencial asesino sobre la tierra, y el asesinato sería imposible. Desgraciadamente, tras la falta de Adán y Eva, llegó Caín, cuyo nombre, no lo olvidemos, significa matar[24] en griego. En efecto, esta pareja fue la primera en hacer dirigir nuestro potencial hacia la locura: el asesinato, se hacía realizable entre criaturas que nunca antes habían pensado en él.

De repente, Charles toma conciencia de la gran responsabilidad que tiene ante su hijo. Su aturdimiento se lee en sus ojos, su tono se vuelve grave:

—¡Te das cuenta que me estás metiendo miedo con tu historia de responsabilidades! Quizá Aurélien haya sufrido debido a mis pensamientos. Primero creí que me mentía, luego le critiqué. Entonces, he fabricado, en mi futuro, materia para probarme que mis mentiras o mis críticas eran exactas.

—¡Exacto! El padre que piensa "cualquier cosa" de su hijo, le construye "cualquier cosa".

—¿Qué hacer para que ese "cualquier cosa" no sea utilizable?

—Menos mal que tienes cuarenta días para borrarlo. Tu doble y tus sueños están ahí para eso. Es de esa manera que, calmando cada noche el futuro durante tu sueño, estabilizas toda la tierra, pues la ley es muy sencilla: si nadie pensara en matar durante cuarenta días y si nuestros dobles borraran esa posibilidad en nuestro futuro, el asesinato sería imposible en la tierra.

—Ahora entiendo la importancia de la cuaresma. Tú dices que, bastante antes del cristianismo, en todos los pueblos celtas, tres videntes elegidos al azar, debían solucionar los problemas que preocupaban a todos.

—Ordenaban las locuras más grandes hasta el martes de carnaval en que se festejaba con alegría alrededor de un gran fuego. Luego el miércoles, cerrando el ojo de la videncia con las cenizas, se empezaba la cuarentena para dejar a los dobles seleccionar los nuevos futuros y borrar los malos. El día cuarenta, el pueblo revivía con los primeros "ramos" primaverales. Las intuiciones y los signos se multiplicaban, los problemas estaban resueltos. Cuarenta días para encontrar la mejor solución y tres días para vivirla. Todas nuestras intuiciones están basadas en ese ciclo.

—Sin embargo, a menudo, no tienen ningún interés.

---

[24] Ver anexo del libro "Cambia tu futuro por las aperturas temporales."

—Porque son la consecuencia de proyectos pasados, no muy interesantes, totalmente olvidados. Sin embargo, una vez examinado el proyecto, el futuro busca siempre solucionarlo de múltiples maneras. El día cuarenta, la solución nocebo o placebo puede ser actualizada por aquél que piensa en el mismo problema.

Mi interlocutor cambia de opinión:

—La resurrección de Jesús al tercer día ¿tendría alguna relación con tus tres días?

30
EN LA FRONTERA DE LA MUERTE: LA E.B.M. Y LA RESURRECCIÓN

—La resurrección es una ley universal.

Françoise y Lucile vuelven en ese momento. Como aliviado y contento por la llegada de las mujeres, Charles exclama:

—¡Menos mal que por fin volvéis! –y dirigiéndose a mi mujer, añade–, si no, tu marido me habría demostrado que la resurrección es una ley física bien establecida, y lo peor, es que habría terminado por creerlo, pues llega a ser muy convincente.

Lucile está de acuerdo:

—Habría tenido razón, pues la resurrección es una ley universal conocida por las antiguas civilizaciones.

Charles asiente, pero con alguna que otra reserva:

—En efecto, lo he leído en vuestro libro, y lo he comprobado todo en los viejos manuscritos. También es verdad, que la resurrección al tercer día aparece en las tablas de los sumerios: la diosa Inanna volvió de esa estancia de entre los muertos tras ese tiempo, gracias a su visir Ninshubur. Está también escrito que atravesó siete puertas.

—Yo también –exclama Aurélien al tiempo que le sonríe a Octavie–, resucité al tercer día. Cuando me desperté por la mañana ya no tenía miedo de nada. Sin embargo, sólo había abierto dos puertas, la de mi habitación y la del baño para mirarme en el espejo –viendo la expresión de Octavie, y sintiéndose incómodo, añade–: ya sé que esas puertas no tienen que ver con las otras, ¿por quién me tomas?

145

—Por mi visir, ¡tan sólo! –dice Octavie burlona–. ¿No soy yo tu diosa adorada?

Françoise interviene y les pide que escuchen.

—Esos tres días son muy importantes. En nuestro mundo, el doble puede utilizar ese tiempo para reenviarnos a la tierra después de nuestra muerte. Para asegurarse de la defunción de una persona, siempre hay que esperar tres días. Como Jesús, pero por razones muy diferentes, podemos resucitar al tercer día. Me explico: detectado por una inactividad total de nuestro cerebro, la muerte clínica es solamente un sueño que nos lleva hacia la luz de nuestro doble. En primer lugar, pasamos por un túnel oscuro en dónde descubrimos todos nuestros futuros potenciales. Tras tres días, la muerte se hace irresistible. El agua de nuestro cuerpo se desinforma. Nuestros antepasados lo sabían y no enterraban nunca a los muertos antes de ese plazo. Hoy en día, nadie presta atención a eso y sin embargo los enterradores han constatado que el treinta por ciento de los muertos desenterrados se habían movido en sus tumbas. El agua fue re-informada por el doble.

—Mi madre me ha dicho –grita Octavie excitada por la historia que le viene a la mente–, que su padre se sentó en su ataúd en el instante mismo en que lo iban a cerrar y pidió perdón a todo el mundo. Mi abuela sufrió un ataque cardíaco y los enterraron juntos, porque mi abuelo se murió de nuevo antes incluso de saber que había resucitado, pero dejó un mensaje a cada hijo.

Aurélien, incrédulo, se echa a reír:

—¿Has visto eso en la tele?

—No, ¡es verdad! –protesta Octavie–. ¡Pregúntaselo a mi madre!

Intervengo para defender a esta jovencita:

—Se trata de experiencias al borde de la muerte (EBM), en inglés: "Near Death Experiment". Estos hechos llevan siendo estudiados desde hace mucho tiempo, son frecuentes y siempre nos revelan características parecidas. Incluso ha sido posible establecer un protocolo científico preciso basado en millones de testimonios.

—¿Cuál es ese protocolo? —pregunta Charles, siempre tan apasionado con las objeciones que va a poder poner.

—La persona en EBM oye a las personas alrededor de ella que a veces hablan de su muerte como una realidad irreversible. No se puede comunicar, y tras un golpe seco, sale de su cuerpo, y a veces asiste desde el exterior de sí misma a los cuidados en urgencias o de reanimación de su cuerpo. Después, es aspirada por un túnel oscuro en donde descubre a otras personas, a menudo difuntos próximos a ella, antes de llegar frente a un ser de luz. Solícito, éste le da buenos consejos que la persona a veces memoriza, y toma conciencia de una frontera infranqueable, antes de que la sombra le aspire violentamente. Es entonces cuando "el muerto en prórroga" se encuentra vivo y normalmente, este regreso inesperado, conlleva un cambio radical de su comportamiento.

—Nuestro sueño paradoxal –añade Lucile–, es parecido a esta curiosa experiencia de muerte inminente. La diferencia viene del hecho que un cuerpo energético viene inmediatamente a nosotros para asegurar nuestra supervivencia durante los intercambios de información. Durante una EBM, nuestro organismo está abandonado, y puede descomponerse. Solamente nuestro retorno a los tres días, le pone de nuevo en pie.

Nada se le escapa a Aurélien, que interviene inmediatamente:

—A mí me gustaría saber si tres días son suficientes para poder decir que nunca más volveré a tener miedo de nada.

Viendo la cara súper triste de Octavie y de Françoise, le preciso:

—Siempre necesitamos esos famosos cuarenta días para utilizar las doce puertas planetarias y obtener la mejor solución al problema del primer día. Todo no se arregla siempre en un solo sueño. Los planetas no aceleran su movimiento, para agradarnos. Nuestro doble puede abrir tan sólo una puerta de las doce del "zodíaco" durante tres días.

Lucile se gira hacia Aurélien:

—¡No te preocupes! Es detrás de esa puerta que el tuyo ha encontrado un futuro capaz de ponerte bien y ha echado aquél que te estresaba.

—Entonces –añade el joven dirigiéndose a su madre con una alegre sonrisa–, basta con tener paciencia. Para abrir las doce puertas necesita treinta y seis días. No es difícil, ¡ya me he enterado!

—También hace falta una síntesis de las informaciones, que efectuará en tres días. Eso hace un ciclo de treinta y nueve días.

—¿No se puede ir más rápido? —pregunta Octavie.

—Sí, pero necesitaríamos tener doce dobles además del nuestro, como Jesús y sus doce apóstoles. Las informaciones serían instantáneamente seleccionadas por los doce y el decimotercero haría la síntesis.

—Jesús rezaba solo en el desierto, y necesitó cuarenta días para encontrar la solución a su problema.

La solución y la tentación de un futuro potencial. En efecto, el príncipe de las tinieblas vino a tentarle con sus soluciones ya existentes en su reino oscuro. El día cuarenta es siempre el primer día de un nuevo ciclo. Cuaresma y cuarentena son limpiezas necesarias del espíritu y del cuerpo. Si seguimos adelante con los intercambios de información diaria con nuestro doble, seis ciclos sucesivos permiten analizar y arreglar los seis espacios dobles del zodíaco antes de hacer la síntesis durante el séptimo.

Siete ciclos de cuarenta días son necesarios en un embarazo. Los últimos cuarenta días sirven para hacer la síntesis. La interrupción de ésta puede ser peligrosa. Es por esto que un niño prematuro de seis veces cuarenta días puede vivir sin ningún problema. Sin embargo, el bebé que nace prematuramente durante el séptimo y último período, es mucho más frágil. Los tocólogos se han dado cuenta de esta "curiosa" fragilidad, pero nunca han podido explicar el porqué. Sin embargo, parece evidente que un buen análisis vale más que una síntesis interrumpida.

En realidad, el niño y su doble utilizan un tiempo imperceptible para tomar conciencia del futuro de los padres durante el acto sexual de éstos. La fecundación se vuelve posible solamente si el potencial entrevisto, les conviene. Al tercer día, el feto dispone de un futuro de cuarenta días. No existe vida en el óvulo antes de ese tiempo sino tan sólo una preparación a la vida terrestre, una especie de resurrección del futuro en el presente.

Mientras explico todo esto, en el rostro de Françoise se adivina la respuesta que esperaba:

—¡La toma de la píldora del día siguiente, no sería pues un aborto!

Viendo su gran sorpresa, especifico:

—Eso es todavía más exacto cuando sabemos que el agua necesaria a la vida para almacenar la información, entra en el óvulo sólo al sexto día.

—Podemos pues decir que un niño utiliza cuarenta días en el futuro antes de las siete veces cuarenta días en el presente. Además hay que añadir los cuarenta días tras el nacimiento que permiten al doble tener un primer potencial en nuestro presente. Tras el parto, la madre siente una gran diferencia: echa de menos las sugerencias del doble. Sin el contacto con su doble, se crea en ella un gran vacío, pues de repente su cuerpo echa de menos informaciones vitales. De ahí que a veces llegue la depresión, llamada "post parto".

—¿Cómo se puede evitar?

—Un sólo intercambio con el doble puede reponer a toda una familia, en tres días, con un nuevo potencial de cuarenta días. ¡Fíjate en la resurrección de Jesús! Dispone de ese tiempo sobre la tierra después de su muerte. El día cuarenta podía acercarle un futuro potencial creado el primer día. Su actualización habría conllevado una nueva responsabilidad en el futuro. Su partida era pues necesaria para evitar ese vínculo peligroso.

31
JESÚS

El escepticismo de Charles ya no se siente, ¡al revés! sus preguntas, se multiplican, envuelto a su vez por una evidente curiosidad:

—¿En qué momento sitúas a Jesús en tu ciclo de los tiempos?

—El ciclo de desdoblamiento solar se divide en doce períodos: los seis días y las seis noches de la *Biblia*. Cada 2070 años, una criatura inmortal viene a ayudarnos. También llamada *avatar*, la última de las doce fue Yeshua, el arameo. Como todo inmortal, él se encuentra en el pasado de su doble y en el futuro del Creador, y puede así decir: *"Yo estoy en el padre y el padre está en mí."*

Charles mueve la cabeza, mostrando de esta manera que ya no opone su reticencia intelectual acostumbrada.

—Esta llegada fue preparada por todo un pueblo durante el último día bíblico. ¡Era preciso! Acordaros de esos dos profetas que se encargaron de la apertura y del cierre de las puertas entre el mundo de los mortales y el de los inmortales, llamada también Jerusalén celeste: hablo de Buda que nació unos 630 años antes de J.-C., y de Mahoma que murió en el año 632 después de J.-C... No es una casualidad: la apertura acercaba al primero de su doble, el cierre alejaba al segundo. Esta doble consecuencia fue evidente. En efecto, la juventud de Buda fue intransigente, a veces violenta, la de Mahoma fue tolerante y pacífica. La vejez fue al revés: la de Buda fue tolerante y pacífica y la de Mahoma intransigente y a veces violenta. En cuanto a Jesús, pudo beneficiarse de un equilibrio perfecto[25].

—Curiosamente –apunta Françoise–, el Budismo, el Cristianismo y el Islam dirigen los tres grandes movimientos espirituales actuales. ¡En vez de confrontarse, deberían ser complementarios!

Estoy totalmente de acuerdo:

—Lo eran. El mensaje de Buda, Jesús y Mahoma era sencillo: "¡No pienses en hacer a los demás lo que no quieres que ellos piensen en hacerte a ti!" Lo que Jesús resumía también diciendo: "¡Amaos los unos a los otros!" Podía haber explicado el desdoblamiento, pero en aquella época, nadie tenía *"ojos para ver ni oídos para oír."*

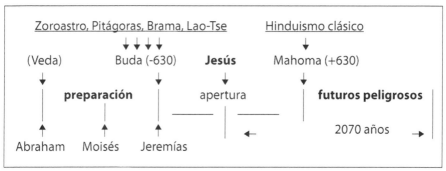

La apertura de los tiempos (2 veces 630 años)

Su muerte hizo posible la exploración de nuestro futuro. Fue el descenso a los futuros infernales: los infiernos, decían los griegos, tuvo importantes consecuencias. En primer lugar, fue el regreso de nuestros dobles al futuro del Creador pues se habían perdido en las tinieblas. Entonces, Jesús les ofreció la redención. Sin ella, nuestra encarnación se volvía imposible durante la sexta y última "noche" de dos mil años.

---

[25] Esa transición duró 1080 años: imaginaros el río del tiempo con seis esclusas para cambiar de nivel. 6 esclusas para entrar en nuestro tiempo, 6 para salir de él, cada puerta necesitando de 90 años (30 años para entrar, 30 años para poner al nivel, 30 años para salir). Las 12 puertas de las 6 esclusas necesitan 630 años. Una vez que la puesta a nivel ha sido efectuada en 30 años, la primera puerta de la primera esclusa de las seis esclusas de salida empieza a abrirse. Eso solamente deja 30 años de tranquilidad entre las 12 esclusas y la necesidad de volverse a ir en el mismo momento de la apertura de la primera puerta de la primera esclusa de las 6 de salida.
Otras explicaciones de la mitología griega: 12 cerrojos (cleis, en griego) se abren sobre el espacio fecundo (hera). Doce trabajos son necesarios a Hera-cleis (Hércules) para obtener las doce informaciones zodiacales precisas para conseguir la inmortalidad.

Françoise duda y luego cambia de opinión:

—¿No es la redención la remisión de los pecados de toda la humanidad? —exclama.

—Como muchas personas, confundes dos consecuencias. La exploración del futuro por este inmortal borró potenciales peligrosos, es decir los "pecados del mundo" en el sentido griego del término. Es la segunda consecuencia de su muerte que debía llegar en una fecha concreta: en el momento en que las puertas del futuro estuvieran abiertas de par en par, como ahora mismo. Era preciso eliminar los potenciales peligrosos antes de esta última noche bíblica de dos mil años. Si no, el "príncipe de las tinieblas" nos hubiese triturado sin problemas, haciendo que actualizáramos futuros infernales. Jesús sabía que ese príncipe no tenía ningún poder sobre él. Era el amo del futuro, puesto que era maestro de nuestro pasado.

—¿No debe volver al final de los tiempos?

—Este final es el del desdoblamiento. Si vuelve, será con un cuerpo no desdoblado que los antiguos llamaban cuerpo glorioso. Es este cuerpo "materializado" que Jesús mostró durante cuarenta días a sus apóstoles asombrados. De esta manera les demostraba su verdadera naturaleza inmortal. Sin embargo, debía de estar muy preocupado.

—¿Por qué? —pregunta Aurélien que ya no parecía interesado en nuestra conversación.

—La humanidad debía aguantar hasta el final de los tiempos, pues hay gamberros terroríficos en el futuro. Es por eso que Jesús nos ha enviado a su doble, aquél que está al lado (*"para"* en griego) del cerrojo *(cleis)*. Es el paráclito *(para-cleis)*[26].

—¡Ningún teólogo habla de todo esto! —añade Françoise sorprendida.

—Como tampoco ningún teólogo habla de ¡desdoblamiento! Sin embargo, el evangelio de Tomás parece mostrar que esta noción esencial era perfectamente conocida antiguamente: "En el día cuando estabais juntos os separasteis", nos dice este Evangelio[27], mas cuando os hayáis separado ¿qué haréis?". No hay ninguna duda acerca de la autenticidad

---

[26] Evangelio de San Juan: XV-7 & 8.
[27] Evangelio de Tomás: dichos 11 y 22. Evangelios apócrifos
http://es.wikisource.org/wiki/evangelio_de_tomás.

de este texto, porque fue encontrado en el alto Egipto en los años 1940, y no ha tenido tiempo de sufrir errores de traducción.

—¿Entonces? –Aurélien está inquieto–, ¿qué vamos a hacer ahora que seguimos siendo dos?

—Escuchar al paráclito. "Es de mi bien que os será dado" precisó Jesús, dando a entender con esto que un solo pensamiento del doble es una energía saludable, una información vital.

—¿Y cómo lo oyes?

—Dejando a tu doble decirte lo que él le dice. Desde marzo de 1989, los "cerrojos" están abiertos, él los oye en directo.

—Ya no necesitas intermediarios —precisa Lucile.

—¡Pero cuidado! También el futuro te oye muy bien y de momento, nuestros pensamientos atraen potenciales demasiado peligrosos. El peligro está a nuestra puerta, la desolación también. Jesús también nos previno de eso: *"Habrá señales en el cielo, la luna y las estrellas."*

—¿Cuáles son esos signos? —pregunta el joven.

—Ya te lo he dicho: el signo de Jonás que corresponde con la llegada de nuevos planetas que son por fin visibles más allá de Plutón. Los meteoritos podrían cambiar de órbita bruscamente.

32
EL REY Y
SUS DISCÍPULOS

Toda esta conversación ha dejado muy perplejo a Aurélien. Ha entendido muchas cosas pero una le sigue sorprendiendo:

—¿Por qué hablas de todo esto a niños como yo? Deberías estar hablando a personajes conocidos y a personas importantes. Si hicieran lo que dices, todo el mundo les seguiría y se acabarían los problemas.

—Te voy a contar una historia para que entiendas que es mejor dirigirse a los pequeños de este mundo antes que a los mayores. ¡Escucha bien! ¡Tú también, Octavie!

Érase una vez un rey que fabricaba potenciales negativos, para gobernar su país. No sonreía para nada y su futuro tampoco. Su potencial era pesado y peligroso.

Sus súbditos vivían tranquilamente en sus moradas, a la espera de días mejores, sin pensar nunca en nada malo. Construían potenciales maravillosos.

El rey podía extraer de ese futuro y vivir días agradables sin saber que se lo debía a los pensamientos agradables de sus súbditos que vivían tranquilamente en sus moradas, a la espera de días mejores, sin pensar nunca en nada malo.

El rey vivía tan estupendamente bien que él mismo se ponía como ejemplo, al tiempo que explicaba que para conseguirlo todo en la vida, había que saber pelear como él, aplastar a los débiles y a los incapaces gracias a los potenciales que sabía producir por sus deseos y sus ganas de ser rey poderoso.

Vivía tan bien que sus súbditos terminaron por hacerse preguntas. ¿Valía verdaderamente la pena vivir bien en su morada, a la espera de días mejores, sin pensar nunca nada malo, construyendo potenciales maravillosos pero probablemente insuficientes?

¿No sería mejor, aprender a pelear como el Rey, aplastar a los débiles y a los incapaces? Esta horrible tentación condujo muy rápidamente a los súbditos del Rey a actualizar los potenciales reales existentes. Los efectos no se hicieron esperar. El reino se vio trastornado por guerras y catástrofes sin precedente.

El Rey inculpó...

Octavie me interrumpe:

—¿Qué es inculpó?

—Inculpar es echar la culpa –le digo antes de seguir con el relato–:

Pues bien, el Rey echó la culpa a la forma de vida de sus súbditos que vivían demasiado tranquilamente en sus moradas, sin pensar nunca en nada malo, construyendo potenciales insuficientes. Entonces, demasiado oprimidos para esperar días mejores, estos últimos decidieron por fin, pensar como lo hacía el Rey. Poco a poco, ya no hubo nada bueno ni dulce en su potencial. Todo el mundo vivía sobreexcitado... y era ¡desgraciado!

Moraleja: al final de los tiempos, los Reyes estarán tan corrompidos que la corrupción reinará en todos los países. Ésta es la conclusión del Apocalipsis de San Juan.

—¡Tenemos muchísima suerte! —advierte Aurélien.

—¿Por qué? —pregunta Octavie.

—¡En nuestro país ya no hay Rey, sino presidente! —responde todo contento.

—De todas formas, no tiremos la piedra a los que nos dirigen. Están hechos a nuestra imagen pues son nuestros pensamientos los que atraen potenciales extremadamente peligrosos. El peligro y la desolación están en nuestra puerta. Jesús también nos previno de eso: "Habrá signos en el cielo, la luna y las estrellas[28]."

—¿Cuáles son esos signos?

---

[28] Evangelio de San Juan XXI-20/25.

—Ya te lo he dicho: el signo de Jonás que corresponde con la llegada de nuevos planetas, por fin visible más allá de Plutón. Los meteoritos podrían cambiar de órbita bruscamente.

33

LOS SIGNOS DEL FINAL Y
LOS BENEFICIOS POSIBLES

Aurélien parece a la vez divertido y extrañado:

—¿De verdad piensas que caerán grandes piedras del cielo?

¿Por qué pensar siempre en catástrofes que pueden ser evitadas? Si modificamos nuestros pensamientos, ese espectáculo grandioso será anulado[29]. Los profetas de la desgracia deberán así pues resarcir a aquéllos que, por su causa, ya han reservado su lugar en la primera línea de las catástrofes mundiales.

—Sin embargo –clama Françoise–, todo el mundo dice que el planeta va mal, que se está calentando, que el nivel del mar sube.

—¡El nivel de nuestra tontería también! El mundo político nos hace creer que la polución industrial modifica el planeta. No se confunden, pero es una minucia en comparación con la polución del futuro que nuestros pensamientos ya han creado. La tierra es como nosotros, actualiza los futuros disponibles, y estos últimos no son muy buenos porque nuestros pensamientos no lo son. ¡Cambiémoslos y el planeta recobrará el equilibrio que todos necesitamos!

Aurélien abre sus ojos como platos.

—Los pensamientos ¡no pueden parar una piedra que cae del cielo! ¡Estás loco!

---

[29] Ver anexo del libro "Cambia tu futuro por las aperturas temporales".

—La piedra llega porque a la tierra le falta energía, y le falta energía porque nuestros pensamientos –que son también energías capaces de fabricar el futuro– son demasiado pobres. Debemos ¡enriquecerlos! La tierra es como nosotros: cuando no recibe suficiente energía, todo lo que pasa por su lado se vuelve atractivo. Hoy en día, nuestro planeta está debilitado por un ayuno de veinticinco mil años. Se puede volver bulímico, las puertas del futuro están abiertas de par en par. Los meteoritos son su alimento favorito. En el 2002 atrajo hacia sí dos enormes que la rozaron sin que hubiéramos podido preverlo. Si hubieran chocado contra nosotros, la humanidad habría sido exterminada, como en la época de los dinosaurios. Si la tierra ingiere demasiadas piedras, vomita en el espacio, despertando de esta manera sus volcanes. Para ello, se sacude sus escamas, lo que los científicos llaman: placas tectónicas. Todo el mundo debería saber que nuestros pensamientos detestables le abren demasiado el apetito y aceleran de esta manera el final de los tiempos. Si siempre pienso en hacer a los demás lo que quisiera que los demás pensaran en hacerme a mí, la tierra hará lo mismo y recogeremos los beneficios que nos ofrece el final de los tiempos.

Siempre muy atento, el padre de Aurélien interviene:

—¿Se puede prever la fecha de ese final?

—El cálculo da tan sólo la fecha teórica del 2079, pero probablemente no lleguemos nunca a ella.

—¿Por qué?

—El final de los tiempos llega tras seis períodos de treinta años[30]. Las siete aperturas desencadenan explosiones solares enormes. Para nuestros antepasados, era la apertura de los siete sellos del Apocalipsis. Las tres primeras han abierto las puertas del futuro. Para las tres puertas del pasado, todo depende de nuestros dobles, y ellos mismos dependen del Creador. *"En cuanto a la fecha,"* –decía Jesús–: *"Sólo el padre la conoce."*

—¿Se podría ser más concreto?

—La explosión solar del 2003 nos muestra que el quinto sello se ha abierto 16 años antes de su fecha teórica de apertura. Debido a la prisa por equilibrar nuestro mundo que fabrica sus potenciales, nuestros do-

---

[30] Ver el capítulo III: 30 años separan 1899, 1929, 1959 y 1989. Ahora son las puertas del pasado las que se abren sobre nuestro mundo. Ya no somos dueños de ese tiempo. Los 30 años ya no son más que períodos teóricos. En el 2003, una explosión solar ha abierto el quinto período.

bles abren las puertas de nuestro pasado demasiado rápido. Esta aceleración es tan fuerte que es posible deducir que, sin un cambio en nuestro comportamiento, la fecha del final de los siete tiempos podría coincidir con el final del calendario Maya, en diciembre del 2012. Sin embargo, ahora ya sabéis que ninguna predicción, maya u otra, es definitiva. Es pues todavía posible retrasar esa fecha algunos años para permitir que la tierra se calme. De todas formas, no puede ir más allá del 2079, menos 16 años, o sea del 2063.

Me gustaría decirle a Charles que las criaturas que han fabricado nuestro futuro –que llamamos espíritus, entidades, diablos, demonios o extraterrestres– ya han terminado su desdoblamiento. Éstas estarán pronto sobre la tierra, con poderes increíbles, y se harán pasar por dioses, manejando los futuros peligrosos que habrán estudiado y explorado mucho antes que nosotros, provocando enfermedades para luego curarlas, turbando el planeta para luego calmarlo. Sin embargo, sé, como la mayoría de los seres humanos llamados civilizados y razonables, que es difícil imaginar una realidad semejante detrás de tales propósitos. Y lo entiendo, pues nuestro parasitage es tal que nuestra desinformación es casi total. Sin embargo, todavía durante algún tiempo, somos dueños de nuestro futuro. Nadie nos impide retomar nuestro lugar de jefes de orquesta y de "mandar a nuestros músicos detrás de sus pupitres". Nos basta con leer la partitura que nuestro doble compone cada noche para nosotros, y no todos esos escritos, a menudo esotéricos, siempre sectarios, dichos inspirados por Dios, los ángeles o los extraterrestres.

Libros, espectáculos, televisión, cine, inculcan cosas y causan graves errores de interpretación a los más crédulos. Estos medios preparan, sin saberlo, la llegada de un ser excepcional, dotado de tal fuerza, que lo consideraremos, erróneamente, como un salvador de la humanidad, un dios... porque, para infiltrarse más fácilmente en los cerebros frágiles, los pensamientos parásitos, usan alocuciones religiosas en las que Dios y el Amor siempre tienen el mejor lugar. A causa de ese parasitage infernal, desgraciadamente, nuestra agresividad se desarrolla actualmente igual de rápido que nuestras enfermedades y nuestras catástrofes.

—¿Piensas –me pregunta Charles–, que nuestro mundo ya ha conocido períodos semejantes?

—Las cicatrices de los sucesivos caos están inscritas por todo. Nuestros científicos las descubren continuamente en los sedimentos, el hielo, los trastornos de la fauna y de la flora. Las excavaciones arqueológicas no dejan de sorprendernos. Buscamos instintivamente el pasado que ha desencadenado tantos malos futuros. Cuatro mil años antes de J.-C., una apertura del futuro dejó pasar falsos dioses: era la época de los Sumerios y los humanos descubrían a seres venidos de "otros lugares". Tras mil años de hazañas, éstos desaparecieron y nos dejaron como testamento mensajes escritos, grabados en numerosos monumentos y tumbas.

—Es verdad –subraya Charles–, que la humanidad salía entonces bruscamente de la edad de piedra para entrar en un conocimiento asombroso, tanto en matemáticas, arquitectura, astronomía, agronomía, irrigación, etc.

—Así pues, las generaciones siguientes utilizaron los restos de un conocimiento perdido: el Egipto de los faraones ya desconocía las leyes del universo y las había desviado de su objetivo –observando la mueca de duda de Charles, añado inmediatamente–: ¿Sabías que la Esfinge es en realidad muy anterior a la época de los faraones? La erosión que ha padecido es la consecuencia de un clima lluvioso: por ello se deduce la época de su construcción alrededor de los años 10.500 antes de nuestra era. Eso deja suponer que el caos de aquella época aniquiló una civilización importante, origen de grandes tradiciones.

—¿Estás hablando de los atlantes y de la desaparición de la Atlántida? –pregunta Françoise, cuya pregunta hace sonreír a Charles.

—Ahora es seguro que nuestro planeta fue arrastrado hacia un caos destructor, del que Platón todavía guardaba la memoria. *"Cuando la esencia divina se fue debilitando por su continua mezcla con la naturaleza mortal, comenzaron a degenerar. Entonces Zeus reunió a todos los dioses en la parte más brillante de las celestiales moradas en el centro del universo, desde donde se contempla todo lo que participa en la generación, y al verlos juntos dijo..."* en efecto, nunca sabremos lo que Platón quería hacer decir a Critias[31], pues el texto se detiene ahí. Para reunir a "dioses" ahí en donde se fabrican los "porvenires", la situación debía de ser muy crítica. La prueba: el 97% de los mamíferos superiores han desaparecido del hemisferio norte.

—¿Quieres seguir metiéndonos miedo? —Aurélien, siempre atento, está de nuevo inquieto.

---

[31] Timeo-Critias de Platón.

—Un diluvio ya sorprendió y destruyó una vez a la humanidad, que había olvidado lo esencial. En nuestros días, todavía es posible calmar el planeta si entendemos nuestra total responsabilidad en su desorden.

Charles frunce el ceño:

—¿Vosotros también sois de los que pensáis que un gran caos es inminente, que un futuro infernal debe castigar al mundo?

— Aquél que piensa en un caos, da nacimiento instantáneo a un infierno caótico en nuestro futuro, el cual seguidamente intenta restituírnoslo. Videntes o "canales" (channelling) más o menos inspirados, que predican la paz sobre la tierra, al tiempo que esgrimen el espectro de un cataclismo espantoso, son a menudo la "fuente" misma del caos planetario, que intentan evitar. Pero pronto, los tiempos se van a equilibrar, el sexto sello se abrirá, vertiendo una oleada de seres muy reales, que gustan de fabricar el futuro que deseamos actualmente. ¿Cómo podemos pensar que esta invasión pueda aportar la paz sobre la tierra si nuestros proyectos no se vuelven pacíficos?

—¿Piensas que eso será suficiente?

—El odio es una energía que atrae más odio y que dirige el mundo. ¿Por qué no utilizar el amor que es una energía igual de fuerte? No hablo del amor del que hablan aquellos que no lo viven, sino del amor que nos obliga a vigilar cada uno de nuestros pensamientos. Sin un compartir de conocimientos relacionados con este amor, nuestra supervivencia se hará imposible en los años venideros. La era de Acuario que pone fin al desdoblamiento de los tiempos vierte un soplo de inmortalidad sobre nuestras cabezas, para que podamos rehacer nuestra unidad. Antes de que sea así, padeceremos invasiones, muy reales, de seres sorprendentes.

—¿Hablas en serio?

A Charles no le importa aceptar la existencia de otras criaturas en el universo mientras éstas se queden en galaxias lejanas.

—¿Por qué ponerse una venda en los ojos? Tras el sexto sello, el futuro debe aparecer en su realidad. Esto ya era el caso en el tiempo de Sumer.

Para acentuar mi idea, les muestro los dibujos del anexo de nuestro libro.

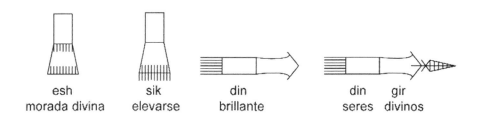

esh	sik	din	din	gir
morada divina	elevarse	brillante	seres	divinos

Sin hablar de los Atlantes, ya ha habido invasiones como los fabulosos héroes del Olimpo Griego, tan poco divinos, o esos dioses del país de Sumer. En la Biblia[32], "los Nefilim estaban en la tierra en aquellos tiempos... eran los poderosos de la eternidad, el pueblo de los shem... Esos hijos de Dios se unían a las hijas de los hombres, esos hombres gloriosos de aquel tiempo". Nephelos, en griego, significa: pequeñas nubes en el cielo. En la lengua sumeria, eran objetos voladores identificados.

shem	omega	objeto volador sumerio

El cartucho egipcio aquí dibujado, *indica* un omega en el cual se lleva a cabo una metamorfosis (el escarabajo)[33], gracias a la ascensión del módulo fijado al suelo por dos amarras, como el objeto volador sumerio. Cuando un inmortal llega a la Tierra, ¿no debería cambiar de vestimento o de forma? Lo que pensamos que son leyendas del pasado podrían volverse las tristes realidades del mañana. Al final de un ciclo, las criaturas evacuan los lugares peligrosos. Otros, inconscientes o temerarios, se dejan encerrar dentro. Nosotros fuimos de ésos. Sin embargo, el conocimiento de la ley del tiempo nos permite entender que el futuro

---

[32] Génesis: 6,1-4.
[33] Ver anexo.

nos arrastrará hacia el caos solamente si lo construimos nosotros mismos y si lo aceptamos en cada uno de nuestros pensamientos.

No es un error vivir allí dónde podemos utilizar los instintos de supervivencia que entendemos. Sin duda, nos hace falta un poco más de tiempo para obtener mejores y sólo el futuro nos ofrece esta posibilidad de larga reflexión. Sin embargo, es importante entender el funcionamiento del tiempo, para cuando se acerque el momento de, por fin, salir de nuestro agujero.

La tierra puede ser considerada como un paraíso por aquéllos que ignoran la ley de los tiempos. Para las criaturas inmortales es un lugar infernal en el que vivimos en la piel de un animal mortal, olvidándonos poco a poco del vínculo con nuestro doble.

Es un ser de luz dotado de la fuerza creadora de una estrella que es nuestro polo de reunificación y de restablecimiento. Con él, ¿cómo nos podrían faltar informaciones saludables?

Al final del tiempo de nuestro desdoblamiento, necesitaremos instrucciones para sobrevivir, pues el futuro que hemos construido vendrá a perturbarnos. En estos mismos momentos, un enviado del Creador explora el futuro para clasificarlo y guiarnos. Conoce la ley del alfa y del Omega, o la Oura, él es el enviado (èl, élohim o elos) de esta ley, es decir Oura-èl.

Con su coche escoba que recoge a los rezagados en las tinieblas, Ouriel es según la tradición, el ángel procedente de los tártaros infernales. Desdoblado del Creador, recupera las energías perdidas en las aperturas temporales más lejanas, en el momento en el que el Apocalipsis abre nuestras siete esclusas del tiempo. Al no entender que un ángel de Dios pueda venir de las tinieblas, la iglesia cristiana, sencilla y llanamente, lo suprimió del antiguo testamento. Y sin embargo, este enviado del Creador está al límite de lo prohibido antes de la desintegración. Su paso disgrega a aquéllos que no pueden ir al encuentro de su doble. Debemos pues prepararnos, si no queremos volvernos una energía perdida sin conciencia de nuestra unidad.

---

[34] 'Ουρα en griego significa: la división del tiempo (Ωρα) que separa el alfa α del omega Ω, el futuro del pasado, uniéndolos por el vínculo ρ: ver anexo.

34

¿QUIÉN, CUÁNDO, CÓMO, POR QUÉ?

Era cerca de medianoche. Una tranquilidad infinita reinaba en la casa de campo a la cual nos habían invitado los padres de Aurélien. Relajados en nuestras tumbonas, Charles y yo contemplábamos en silencio un cielo sin nubes.

—Millones de estrellas –exclama Charles, soñador–, y yo, perdido en una de ellas con un hijo, que, después de todo, me hace comprender mi pequeñez.

—Su historia no debe hacerte olvidar lo fundamental. Nos hemos desdoblado para explorar un espacio solar peligroso, perdido en una galaxia en medio de una multitud ilimitada de estrellas. Cien mil millones de estrellas en nuestra galaxia y cien mil millones de galaxias en nuestro universo... Si tuviéramos que contar las estrellas, empleando una mil millonésima de segundo para cada una de ellas, ¿sabes cuánto tiempo necesitaríamos?

—¡Supongo que un tiempo inimaginable!

—¡Tres millones de años! Es sin duda por eso que el Creador diferencia el tiempo, para tomarse el tiempo de conocer su creación. Sus visitas a un espacio como el nuestro son poco frecuentes, como mucho, cada veinticinco mil años. Y además, ¡tiene que sentirse interesado! Cada vez, nuestra estrella abre y vuelve a cerrar sus doce puertas planetarias en 180 años, separando durante 24.840 años a los gamberros que somos nosotros, de las criaturas inmortales. Como Cenicienta, teníamos que salir antes del final de las campanadas de medianoche...

—O sea que somos muchos los pillados en nuestra propia trampa.

—Sólo el hombre de Neandertal parece haberse escapado de nuestra prisión solar al final del último ciclo. Desde entonces, nos hemos cortado del Creador, cuya existencia y unicidad son, sin embargo, una obligación científica de espacio y de tiempo. Aunque esto desagrade a los intelectuales salvajes...

—¡Como yo! –corta Charles, sonriente–. De todas formas, he terminado aceptando todos vuestros dichos...

—Que otras personas asimilan a la primera, a veces de manera intuitiva... que sepas que este famoso "corte" nos aísla de las informaciones saludables del Creador y que contrariamente a los postulados bien establecidos, Dios no sabe nada de nosotros, no ve nada de nada y no oye casi nada durante todo el tiempo del desdoblamiento.

—¡Es difícil de aceptar!

—En veinticinco mil años, recibe información de nuestro destino, por las doce encarnaciones de inmortales: los famosos *avatares*. El significado griego que os he dado de esta palabra importante, se ha perdido hace mucho tiempo. Estas visitas periódicas, necesarias, nos vuelven a dar una cierta vitalidad, pero desgraciadamente no impiden que la humanidad construya posibilidades futuras peligrosas que debemos anular una y otra vez... actualizables en todo momento, esos futuros potenciales constituyen una enorme "carga" que puede impedir nuestra reunificación al final del "tiempo de desdoblamiento". Sin embargo, siempre podemos borrar lo que hemos creado. Basta con tener a nuestro doble con nosotros y su fuerza de síntesis.

—Puesto que venimos en masa, a encarnarnos en esta tierra en el último momento, no es ¿porque pensamos ser capaces de deshacernos de ese peso?

—Claro, pero ya no sabemos ni el cómo ni el porqué. Y para colmo, hasta ignoramos la necesidad que tenemos de un guía como Yeshua, del que ya has visto su importancia histórica y planetaria. ¿Cómo no pensar en la curiosidad de los inmortales cuando se abre por fin un espacio como el nuestro en su tiempo? Percibir lo imperceptible permite a cada criatura ver todas las posibilidades pasadas, presentes y por venir.

—Es verdad –añade Charles–, que si consiguiéramos dar a conocer con precisión la fecha de esa apertura final, eso nos permitiría dirigir más rápidamente nuestra vida. Por fin saldríamos de la trampa que nos fabrica la desinformación planetaria actual.

—Ya te he dicho que es imposible saber con exactitud la fecha del final de los tiempos. Está cercana, ciertamente, y nuestra encarnación en la Tierra en esta época crucial no es una casualidad. Su único fin es el de permitir a nuestro doble arreglar el futuro que hemos "molestado" desde la noche de los tiempos. Nosotros le servimos de trampolín. Dejándole barrer cada día en nuestros potenciales futuros, podemos repeler los peligros, y en ese caso, este final aportaría beneficios.

—Arreglar, sin molestar al futuro, parece difícil.

—Es, sin embargo, la única manera de eliminar los caos actuales previsibles. El Apocalipsis encontraría así su sentido etimológico de *descubrimiento maravilloso de lo desconocido*. El aumento del nivel de los océanos, el calentamiento planetario[35], los cambios climáticos, y tantos cataclismos que pensamos erróneamente que son naturales, se desvanecerían poco a poco. La Tierra sólo actualizaría los futuros aceptables por todos.

Charles añade:

—¿Pero quién sabe eso? Ignoramos todo nuestro pasado.

—De esta manera fabricamos posibilidades de porvenir sin relación alguna con ese otro "yo" que debería ser nuestro mensajero de los tiempos, ese "anaguelos" muy conocido por nuestros antepasados griegos y no ese "angelot" destrozado por un esoterismo mal entendido. No escuchándolo, lo destruimos, rompiendo de esta manera la imagen que el Creador quería de nosotros en el futuro. Nos será muy difícil reencontrar nuestra unidad.

—¿Sería el final del desdoblamiento de los tiempos, el final del nuestro?

—Podremos ser uno con nuestro doble a condición de no huir de él y de reconocerlo. Si no, la luz de su tiempo ralentizado nos empujará a las tinieblas del futuro, ahí donde nuestra vida terrestre ha creado una realidad acelerada correspondiente a nuestros deseos más profundos pero totalmente inútiles para nuestro doble, así pues para nosotros mismos. Acuérdate del evangelio de Tomás del que te he hablado. Su interpretación, sin el contrasentido más o menos buscado de los copistas de la Edad Media, está en "bruto": *"Cuando seáis capaces de hacer de dos*

---

[35] Ver anexo de "Cambia tu futuro por las aperturas temporales".

cosas una, y de configurar lo interior con lo exterior, y lo exterior con lo interior, y lo de arriba con lo de abajo, y de reducir a la unidad lo masculino y lo femenino, entonces podréis entrar en el Reino».

—¿Quieres decir que es difícil rehacer la unidad?

—¡Todo depende del lugar en el que rehagamos esa unidad! Si nos echamos de cabeza en un futuro que no corresponde con los deseos de nuestro doble, sino con los nuestros, éste se verá obligado a seguirnos cuando comience un nuevo ciclo de desdoblamiento. Lo encerraremos con nosotros durante veinticinco mil años, lejos del Creador, en un espacio en el que se volverá una energía perdida, un ángel caído, una criatura mortal como éstas que parasitan actualmente nuestro mundo, y nos llevan al caos.

—Un doble ¿no es siempre inmortal?

—¡No! Si al final del desdoblamiento, nos vamos a perder en el futuro, se ve obligado a seguirnos, es la verdadera muerte, en el sentido en el que se va del espacio del Creador del cual ya no tiene la síntesis vital. *"Quien guarda mi palabra –decía Jesús– jamás probará la muerte"* [36]. Esta palabra se entiende si sabemos que un doble en el pasado asegura nuestra relación con el doble de Yeshua, el conocido paráclito, quien, acuérdate, encuentra ahí su explicación por el griego y la teoría del desdoblamiento. Si nuestro doble se queda en el pasado, asegura nuestra supervivencia en el espacio del Creador en el que son numerosas las posibilidades de exploración. De esta manera Yeshua nos protege intentando mantenerlo con vida en su espacio y en su tiempo. El día antes de su muerte nos tranquilizaba de nuevo: *"En la casa de mi Padre hay muchas habitaciones, voy a prepararles un lugar"* [37]. Nuestra reunificación puede llevarnos hacia otros espacios durante los 1.080 años de transición entre ciclos de desdoblamiento. Es una ley física, y no una utopía esotérica.

—¿Piensas que Yeshua es un guía necesario durante esta nueva exploración del espacio?

—Sin él, nos es imposible reencontrar los instintos de supervivencia de nuestro cuerpo y las intuiciones vitales de nuestro espíritu. Nos permite abandonar lo inútil para poner lo imprescindible en nuestra mochila de explorador: *"... los que no habían adorado a la bestia ni a su imagen* (en

---

[36] Evangelio de San Juan: VIII-52.
[37] Evangelio de San Juan: XIV-2.

el futuro), *volvieron a la vida y reinaron con el Salvador durante mil años. Ésta es la primera resurrección"[38]*. **Entiendes ahora que no hay en esto ni leyenda ni dogma, ni el mínimo secreto esotérico, sino más bien una verdad científica rigurosa y sobre todo, accesible a todos**. Hemos creado el desorden. ¡Dejemos que nuestros dobles vuelvan a poner orden aunque sólo sea para poder sobrevivir en los próximos años!

—¿Por qué nuestra muerte no nos llevaría hacia nuestro doble?

—Hay que conocer la ley del "adormecimiento" y aplicarla con éxito, tal y como ha sabido hacerlo Aurélien. La muerte es nuestro último sueño: primero nos lleva hacia todas las quimeras del futuro que tanto hemos deseado en nuestra vida. Hay que saber renunciar a ello para reunirse con la otra parte de nosotros mismos. A la espera de ese último momento, seguimos siendo sobre la tierra, los dueños de las aperturas temporales y de aquellos que construyen nuestro porvenir en las tinieblas. Extraterrestres, criaturas infernales son tan sólo denominaciones, de momento...

—Denominaciones de origen mal controlado...

—¡Quizás! Esto hace que desestimemos su importancia y el peligro real que representan.

La meta de nuestra vida, debería ser atraer sobre la Tierra futuros potenciales compatibles con el pasado de nuestro doble, pero éste no es el caso.

Es más importante hallar las preguntas que eran nuestras antes de nacer que resolver los problemas sin interés para nuestro doble. Es por eso que hay que utilizar las noches para borrar lo que puede ser borrado.

Encontrar el equilibrio consiste en hacer el futuro más lejano compatible con el pasado más lejano, decían nuestros antepasados, el medio mu (mésos o mesías) entre el alfa y el omega de nuestro desdoblamiento. Yeshua intentó esta proeza al principio de nuestra era. Nos anunció su retorno y, para probarnos que conocía la ley de los tiempos –así como la diosa sumeria Innana y el dios egipcio Horus– resucitó un cuerpo después de tres días y durante cuarenta días. Para que venga sin tener que encarnarse, pero en el cuerpo unitario y glorioso del final de los tiempos, uno de nuestros dobles se verá obligado a estar en relación con el suyo.

Charles parece suspicaz:

---

[38] Apocalipsis de San Juan: XX-4 & 5.

—¿Puede ser capaz el hombre de renunciar a lo que él piensa que es racional? Para la mayoría, esta historia del doble es difícil de admitir ¿no? Confrontado con las cosas extrañas, el hombre moderno prefiere creer en lo paranormal en vez de imaginar una posible explicación científica universal, como la vuestra...

—Y como la de nuestros antepasados, que, conociendo la ley de los tiempos, podían ver el futuro antes de vivirlo. ¿No es ésa la única manera de echar a los demonios tentadores? El mejor terapeuta ¿no sería aquél que, como antaño, pudiese afirmar que es "doctor de la Ley, exorcista y profeta"?

—Me imagino la reacción de algunos —Charles se ríe a carcajadas.

—Pensando erróneamente, la humanidad se ata a un futuro peligroso, abandonando un pasado que da seguridad. Es importante dar marcha atrás antes que la sexta explosión solar –ese sexto sello que no tiene nada de misterioso– haga incontrolables nuestras aperturas temporales. Como las puertas del pasado se abren en último lugar, podríamos padecer los problemas que hemos creado en el futuro antes de tener la solución de nuestro doble. Solamente él podrá abrirnos la puerta del Creador.

Es ilusorio buscar un equilibrio planetario sin tomarse la molestia de encontrar un equilibrio personal.

35
LA PRUEBA FINAL

Los extorsionistas fueron liberados solamente con una orden de alejamiento de la escuela de Aurélien. Éste se sentía acorralado: ya no quería ir solo a la escuela, pero aceptó ir conmigo.

—La despreocupación es una cualidad, le digo al joven en el trayecto al colegio. Un día, fui a visitar a un campesino que vivía en una granja que estaba bastante alejada de la carretera. Cuando abrí la verja, un perrazo vino cariñosamente a lamerme la mano. Le acaricié y me adentré despacito por el camino lleno de barro. Cuando llegué a la granja, abrí una puerta y entré en la cocina, acompañado por el perro. Los miembros de la familia que estaban comiendo, me miraron atónitos. Se hizo un silencio de muerte. ¿Sabes por qué?

—¿Porque habías entrado sin llamar?

—No, porque había llegado hasta ellos sin ningún problema, pues el perro era muy malo y todo el mundo le temía. Nunca nadie había hecho lo que yo acababa de hacer. Probablemente, el animal feroz, no había sentido ninguna agresión en mí. A todo esto, debo de decir que yo ignoraba este peligro.

—¿Qué relación tiene eso conmigo? –dice Aurélien–. ¡Mis agresores son peores que los perros!

—Aquél que tiene miedo a un animal o a un hombre actualizará en su día a día un futuro capaz de justificar su miedo. Se volverá pues un adversario potencial que el animal o el hombre intentará alejar por la violencia, sea la que sea. Entonces, frente a la amenaza, el miedo se acentuará, atrayendo de esta manera futuros todavía más peligrosos. Si entendemos este sistema, podemos invertir la causa y el efecto, decidiendo ya no tener miedo. Además, que es mucho más relajado actualizar las ganas de querer a un animal o a un hombre que tan sólo nuestros pensamientos de miedo han vuelto desconfiado y agresivo.

—Eso no es posible, ¡estás loco! No me veo queriendo a ¡esos cerdos! —objeta el niño.

—El hombre no es diferente al animal: el miedo a un enemigo potencial engendra la desconfianza y refuerza la enemistad.

—¿Qué es la enemistad?

—Para que entiendas: querer a aquéllos que nos detestan puede hacer que uno de ellos se vuelva amable. En realidad se trata, de controlar siempre tus pensamientos para fabricar el mejor potencial. No se trata del "amor" en el sentido habitual de esa palabra. Ese control fabrica una energía potencial que se refuerza en el futuro y que todo el mundo puede utilizar. Esa energía aleja a la persona que no la quiere y que, así pues, sigue siendo tu enemiga. Sin embargo, mostrar simpatía o afecto de manera hipócrita al tiempo que escondemos nuestro miedo real no puede sino desencadenar una agresividad por su parte, pues el futuro reacciona sólo ante los verdaderos pensamientos. Es verdad que la franqueza no es suficiente. Para actualizar el mejor potencial, hay que fabricarlo con antelación para poder recoger la cosecha en el momento oportuno. Como protección, debes tener tu afecto y sobre todo, tu honestidad frente a ese afecto, que no debe ser fingido. El parecer no sirve de nada, es el ser lo que cuenta, es "¡ser!"

Aurélien intenta esbozar una sonrisa:

—El problema es que hay varias actualizaciones posibles y yo no tengo ninguna.

—Solamente tus pensamientos del momento te hacen elegir la correcta. De ti depende el vigilarlos y hacer la relación con los actos que van con ellos. Aquél que nunca ve el peligro en casa del otro, se beneficia de una gran protección.

El niño protesta:

—¡Yo nunca lo vi, antes de que esos tipos cayeran sobre mí! Y de todas formas, no hay ley para eso.

—¡Claro que la hay! En la física de lo infinitamente pequeño, se llama el observador, participante, porque actualiza posibilidades que, sin su participación en la observación, no tendría ninguna realidad en su presente.

—Preferiría ser el participante de nada de nada, ¡sabes!

—Tú eres siempre el creador de aquello que imaginas de los demás. Es mejor buscar qué es lo que te causa placer en vez de imaginar un entorno hostil. Piensa al revés y vivirás al revés. Siempre organizas los desórdenes que temes.

—Pero, en este caso, yo no he organizado nada. ¡He padecido! ¿No te das cuenta de lo que he padecido?

—Cuando piensas que el sol va a secar las flores de tu jardín, empiezas a hacerlo brillar. Si imaginas una lluvia salvadora, las nubes pueden venir en tu ayuda con la condición que un potencial así ya exista en tu futuro. Lo que pasa es que normalmente, llevas el compás de una orquesta que hace lo que ella quiere, imponiéndote su música. Tus células, una piedra, el viento, la lluvia, el riachuelo, el río, el océano, la fauna, la flora esperan de ti los mejores futuros. Tu entorno también. Debido a tus pensamientos y a sus actualizaciones, eres responsable de todo lo que te rodea, de lo bueno como de lo malo.

—De repente, Aurélien se da media vuelta y se va a toda prisa. Sorprendido, me voy en su busca:

—¿Me puedes explicar esta brusca media vuelta?

—Están allí, en la esquina, y no tengo ganas ni de actualizar ni de imaginar nada. Vuelvo a casa. Mis células, el viento, la lluvia, la tierra entera esperarán a que me calme.

A lo lejos, tres gamberros nos dan la espalda.

—¿Te vas a quedar toda tu vida encerrado en tu agujero? Debes afrontar los peligros. ¡Confía en mí! ¡Adelante! ¡Pruébate a ti mismo que tus pensamientos son superiores a tus actos!

Implorándome con sus ojos de niño, se para en seco.

—Pero entonces ¿qué debo de hacer?

—Sigue tu camino al tiempo que pides la protección de tu doble. Esta protección sólo depende de tus pensamientos.

A mi gran sorpresa, Aurélien vuelve a partir hacia el colegio, derecho hacia sus agresores que todavía no le han visto.

Queriendo que sea totalmente responsable, y pensando que se podría girar y pedirme ayuda con una triste mirada, parto en sentido inverso, sin darme la vuelta, para mostrarle una confianza absoluta en el porvenir y en su potencial. Un poco más lejos me cruzo con Charles que nos seguía, inquieto, listo para intervenir.

Es entonces cuando juntos, vemos a Aurélien, recto como la justicia, pasar al lado de sus agresores que echan a correr sin meterse con él. Charles se queda boquiabierto hasta el momento en que su hijo se vuelve hacia nosotros con una amplia sonrisa y nos hace el signo de la victoria.

—Es casi increíble –dice Charles pasmado– ¿Qué le has dicho?

—Que si tu doble está contigo, no corres ningún riesgo.

—¿Y si no le hubiera ayudado?

—¿Por qué siempre pensar en lo peor, si no es para hacerlo realidad?

CONCLUSIÓN

—¿Has preparado bien tu conclusión? –pregunta Aurélien–, porque mi maestra dice que sin una buena conclusión, no hay un buen texto. Y ya sabes que muchas personas leen primero el final del libro para saber si éste va a ser interesante. Y el tuyo es más que apasionante, ¡es revolucionario! Yo, antes no sabía cómo me podía fabricar un buen futuro. ¡Es genial!

—Lo más genial, es el saber y repetir de continuo a quien quiera escucharlo que actualizamos en cada momento un futuro existente para vivir, sabiendo al mismo tiempo que ese futuro puede ser muy peligroso puesto que está fabricado por todo el mundo desde hace 25.000 años. Sin embargo también sé, que el que consiga mantenerse en relación con su doble, ya no tiene ni angustia, ni estrés, ni duda. Si toma conciencia del peligro, ya no alimentará nunca más el miedo que arrastra nuestro mundo hacia el caos. ¡Que sepas que nadie impide a nadie fabricar futuros agradables! Claro que acaso, lo que es agradable para mí, puede ser desagradable para ti, en eso estoy de acuerdo.

—Menos cuando hablas de la cosa científica que no hay que olvidar –comenta Aurélien, y añade, seguro de sí mismo–: "¡No pienses en hacer a los demás lo que no quieres que ellos piensen en hacerte a ti!" ¡Si no, cuidado con los daños y perjuicios en el futuro!

—No te olvides de decir que nuestro doble está siempre ahí y que es el único que puede arreglar el porvenir que hemos "molestado", ¡con la condición que le dejemos ayudarnos!

—No, no digas nada más, pues al final del libro el lector debe de quedarse con las ganas, sino no intentará entender lo que yo he entendido. ¡Es demasiado! Debe descubrirlo él mismo.

—¿Y qué es el "demasiado" para ti?

—Ser feliz en cada momento, y saber que mi felicidad ocasiona la de mi madre, mi padre, Octavie, mi perro, mi vecino, mis células, el mar, el viento, las nubes... y hasta las galaxias... ¡es demasiado genial! Sobre todo si todo el mundo lo puede por fin entender... gracias a ti, a Lucile... y quizás, ¡gracias también a un pequeño hombrecito como yo!

—Entonces, controla tus pensamientos para crear el mejor potencial sabiendo que nunca llegarás al límite.

Post scriptum

Ni moralizador ni crítica, este libro tiene por objetivo principal aportaros la ayuda necesaria para solucionar vuestros problemas sin responsabilizar a nadie que no sea vosotros mismos.

A lo largo de estas líneas, hemos intentado explicar y haceros entender el principio del alfa y del omega, del pasado y del futuro. Un principio vital que os conduce ciertamente al control de cada uno de vuestros pensamientos. A vosotros corresponde decir si esta obra ha alcanzado su objetivo principal, es decir, el de seros útil y saludable en el camino de vuestra vida.

Lucile y Jean-Pierre Garnier Malet